Música perdida

Luiz Antonio de Assis Brasil

Música perdida

Capa: Ivan Pinheiro Machado sobre foto de Dennis Stock (Bruno Walter, maestro, ouve uma gravação nos estúdios da Columbia. Nova York, 1959).

© da foto de Dennis Stock/Magnum Photos
Revisão: Jó Saldanha e Bianca Pasqualini

CIP-BRASIL. CATALOGAÇÃO-NA-FONTE
SINDICATO NACIONAL DOS EDITORES DE LIVROS, RJ

B83m	Brasil, Luiz Antonio de Assis, 1945- Música perdida / Luiz Antonio de Assis Brasil. – Porto Alegre, RS : L&PM, 2006 222p. ; 21 cm ISBN 85-254-1620-7 1. Romance brasileiro. I. Título.

CDD 869.93
CDU 821.134.3(81)-3

Todos os direitos desta edição reservados a L&PM Editores
PORTO ALEGRE: Rua Comendador Coruja 314, loja 9 - 90220-180
Floresta - RS / Fone: 51.3225.5777
PEDIDOS & DEPTO. COMERCIAL: vendas@lpm.com.br
FALE CONOSCO: info@lpm.com.br
www.lpm.com.br

Impresso no Brasil
Primavera de 2006

If music be the food of love, play on.
Shakespeare, *Twelfth Night*

UM

CAPITAL DA PROVÍNCIA AO SUL, 28 DE AGOSTO DE 1885, CINCO DA TARDE

O Maestro Joaquim José de Mendanha tem a postura curva dos velhos. Sua carapinha é branca. É Mestre de Música da Catedral de Nossa Senhora da Madre de Deus, na Capital da Província mais ao Sul do Império do Brasil. Essa Província meridional faz divisa com os castelhanos. Sob o comando do Maestro Mendanha estão vinte músicos instrumentistas, mais o coral misto, mais o tenor, o barítono, a cantora contralto e a soprano. Na deserta Praça da Matriz, de pé, apoiado em sua bengala, ele fala a dois jornalistas. Leva sob o braço uma pasta de papelão atada por um nastro azul. É possível entrever que a pasta contém papéis de música. Um dos papéis sai para fora e lê-se: Andante. Contralto. Ele foi músico toda a vida. Foi mestre de banda militar e compositor sacro e profano. Por seu magistério passaram todos os tocadores de rabeca, viola, órgão, bandolim, violoncelo e percussão da Província. Escreveu cerca de quarenta hinos, patrióticos, ocasionais, festivos. Nos últimos dias sua saúde degrada-se de modo implacável.

Com os olhos embaciados, porém agora altivos, o Maestro Mendanha diz aos jornalistas:

– Agradeço que tenham comparecido ao nosso encontro. Nada tenho a falar. Dentro daquele pacote que os senhores me entregaram veio uma música, mas que neste momento não inte-

9

ressa aos senhores. – Como os jornalistas insistem, ele os interrompe: – Desculpem, estou muito doente. – E dá-lhes as costas. O Maestro experimenta a presença da morte. Sentiu-a faz alguns dias, instalada e dilatando-se em seu corpo. Se lhe perguntassem, não saberia dizer se é essa tontura ou a náusea angustiada, essa repugnância, ou esses fogos que cruzam por sua retina, ou são os pés, que sente presos ao chão. Mais do que o transtorno corporal, é a certeza metafísica de que vive seus últimos instantes. Nada diferente do que aconteceu ao pai, há mais de meio século. Ademais, os velhos morrem em agosto e agosto está no fim. O Maestro tem pressa de acabar sua última tarefa. E porque deu as costas aos jornalistas e porque pediu que não lhe falassem mais sobre essa música, precisa honrar a si mesmo e seguir em frente.

Os jornalistas vêem-no caminhar em direção à Catedral. Estão perplexos, consternados com a súbita devastação na saúde do Maestro Mendanha. Um deles devolve ao bolso sua caderneta Moleskine, com as folhas presas por um elástico. Acende o cigarro e diz ao outro "perdemos essa".

No ano seguinte será inaugurado o primeiro telefone em Porto Alegre. Os cães entram sem obstáculos no Palácio do Governo e coçam-se em pleno salão das audiências. O vento minuano varre a praça, situada no cimo do belo promontório que avança e desce até o rio. A luz doce e oblíqua doura as silhuetas. É o último frio da estação. Esse frio e essa luz deixam em todos uma imprecisa nostalgia. É o frio que nos distingue, no Sul. Quando ele nos abandona não sabemos mais quem somos.

O amanuense do Palácio, que chegou ao balcão para espairecer, enxerga-o: o Maestro Mendanha sobe, um a um, os degraus que levam ao adro da Catedral. Ao amanuense ele parece muito pálido, muito enfermo.

No interior sombrio da Catedral, o velho sacristão está ao lado do guarda-vento. Ele abre o cofre das esmolas. Observa: o Maestro Mendanha faz uma simbólica genuflexão em homenagem ao Santíssimo. Persigna-se e depois vence a íngreme escada que leva ao coro alto, parando a cada dois degraus.

No coro, o Maestro respira para recompor-se. Nos últimos dias tem exigido demais de seu corpo.

Contorna o facistol, passa pelo vistoso órgão com tubos de latão e dirige-se ao pequeno harmônio. A visão do harmônio deixa-o mais sereno. Descansa a bengala a um canto. Põe sobre o harmônio a pasta com as músicas e um pequeno lápis. Senta-se.

Abre o tampo do teclado. Sente o aroma de cola, poeira e coisa antiga. Liberta-se o velho espírito que vive no instrumento.

Cruza mais uma vez por seus olhos o estalar do chicote incandescente. Mendanha baixa as pálpebras. Os fogos estão ali, porém aos poucos perdem o fulgor e ele volta a enxergar. Ele sabe o que esses fogos significam.

Com movimentos alternados dos pés, ele aciona os foles, cujo sopro faz vibrar as palhetas. Seus pés não têm a força necessária para levar os foles até o fundo. O som é inconstante. O Maestro sente seus olhos aquecerem-se pelas lágrimas. Seus dedos descrevem uma trêmula dança sobre as teclas. O corpo do Maestro é uma sombra recortada à luz mortiça da janela.

Ele improvisa, quando deveria completar a instrumentação da partitura para piano que está na pasta. Falta apenas o *Finale*. Improvisa porque assim preenche a aflição.

Seis da tarde

Soam as Vésperas. Ele fecha o teclado do harmônio. Abandona os improvisos. Concentra-se para dar início ao seu trabalho, o último. A luz é pouca para seus olhos. Mas para o *Finale* ele quer assim, a penumbra, a contrastar com a grandiosa música. Ele escreve sobre a tampa do harmônio. Prefere o silêncio e o isolamento do coro alto. Certos trabalhos só podem ser realizados na solidão e no silêncio.

Num gesto repetido, estende a mão sobre a folha alvíssima. A diferença de cor, vê com surpresa, não o constrange. Até as dores lhe dão uma pausa.

Pensa, ainda, nos seus músicos. Somados, não constituem nem a melhor orquestra do Império, nem a pior. Conhece cada um deles, seus recursos. O *Finale* não soará com a majestade retumbante que ele desejaria, mas terá dignidade. Tal como foi na Primeira Parte.

Ele favorece os músicos mais fracos, presenteando-os com notas breves e semibreves; escreve fusas e semifusas para os outros.

A partitura liberta-se de seu cárcere pianístico e ganha os timbres de madeira dos oboés e dos fagotes, a delicadeza tocante do naipe das cordas, o solene soprar dos trombones e das tubas, a marcação rítmica da percussão. É uma orquestra que agora toca, não mais um simples piano.

Tudo aquilo o Maestro Mendanha escuta em seu íntimo: *Nós fizemos o berço em que nascemos / E as canções de embalar com que sonhamos.*

O Maestro, por fim, risca a dupla barra nos pentagramas. Pronto está o seu trabalho.

Após o *Finis opera – Laus Deo*, ele escreve uma tremida e lenta anotação dirigida à mulher. É um pedido. Nunca escreveu algo assim tão definitivo, terrível e amoroso.

Pega a pasta de papelão, põe nela a partitura instrumentada, amarra-a e, agarrando-se ao corrimão, desce as escadas cuidando onde põe a bengala. Dá-se no guarda-vento justo quando o sacristão tira do bolso a argola com as chaves. Vai fechar a enorme porta. Mendanha o saúda, constrangido: o sacristão esteve à sua espera para terminar o serviço do dia. Mendanha olha para aquele rosto tão conhecido e faz um leve aceno de cabeça.

"Amanhã o senhor conhecerá tudo." Esse último pensamento é acompanhado por uma respiração difícil.

I

Joaquim José de Mendanha, a quem, criança e jovem, davam o nome de Quincazé, aprendeu teoria e solfejo com o pai, mestre de uma Lira em Itabira do Campo, nas Minas Gerais. A Lira era uma orquestra de amadores, embora alguns fossem pagos. Compunha-se de poucos músicos, porém incluía cordas completas, metais e madeiras, para além da percussão. Apresentava-se na Matriz de Nossa Senhora da Boa Viagem, ornamentando as cerimônias do ciclo litúrgico, acompanhando as missas, as ladainhas, os graduais, as antífonas, os misereres, os responsórios e as novenas. Eram momentos em que a Lira acrescia-se de um pequeno coral e solistas vocais. Pensava-se escutar a própria corte dos querubins. Os acordes ficavam ressoando pelos dourados da fina talha dos retábulos.

A Lira apresentava-se também festiva, na praça. Apresentava-se ambulante e triste nos enterros ricos.

O pai de Quincazé era um homem seco, filho de escravo com branca e propenso a inesperadas dores do peito. A mulher e o filho preocupavam-se. Aparentava bem mais idade do que seus contados anos. A regência da Lira garantia seu sustento, apenas. Tinha a cor da malva muito fervida e a pele picava-se da varíola. Quando morreu, todos já sabiam o que sentir.

Ele julgava, de maneira enigmática para si mesmo, estar cumprindo algum desejo de Deus.

Muito em silêncio ele aborrecia os tons bemóis ou sustenidos, por não possuírem a luminosidade dos altares. As notas bemóis são tristes, ele murmurava aos mais próximos, e as sustenidas, insolentes. Era uma idéia extravagante para quem dependia das notas, sustenidas ou bemóis, para viver. Na verdade, era uma forma de loucura.

II

Os mestres de orquestras deveriam sempre executar composições próprias e novas. Só por raridade tocavam obras de outros compositores: André da Silva Gomes, José Joaquim Emerico Lobo de Mesquita, João de Deus Castro Lobo ou do célebre Padre-Mestre José Maurício Nunes Garcia, ainda vivo no Rio de Janeiro. Já os melhores mestres de orquestras envergonhavam-se de tocar músicas alheias ou repetir as suas próprias músicas. Serviçais do Senhor e do Bispo, seu trabalho era, em primeiro lugar, obedecer; em segundo, ser bons católicos; em terceiro, compor; em quarto, tocar vários instrumentos; em quinto, reger a orquestra que lhes dessem.

O pai de Quincazé, ao longo dos anos, perdia a cabeça para compor. Suas músicas agora saíam parecidas umas com as outras. Mais dia, menos dia, iria copiar a si mesmo, nota por nota. Com muito esforço compunha uma ladainha em Dó maior. Ali começaram suas insônias, para além de todas as doenças.

Isso é raro, mas acontece. Aconteceu com Rossini, ao final da vida, quando seu estômago tornou-se maior do que seu talento e ele deixou de compor óperas, dedicando-se apenas a seus *Péchés de vieillesse*.

III

Quincazé estava pescando com o pai à beira do riacho. O menino tinha uma pele trigueira, cabelos negros anelados e usava calças curtas.

Era uma tarde de verão. As cigarras cantavam. Não haviam pescado nada. Olhavam para as mulheres que batiam roupas nas pedras. Uma delas ergueu-se, levou as mãos aos quadris e chamou um nome. Escutaram apenas a sílaba forte da palavra, uma sílaba longa e nítida.

– Sol – murmurou Quincazé. Sua boca falou isso, porém seu pensamento estava ao longe.

O pai encarou-o.

– Repita.

– O que a mulher gritou foi uma nota Sol.

Em casa, o pai tomou o clarinete e pediu a Quincazé que repetisse a nota. Quincazé cantou: "Soool".

O pai soprou no clarinete. Era o Sol. O pai ficou muito sério. Quem sabe dizer o nome das notas musicais isoladas é porque possui o raríssimo ouvido absoluto.

Aconteceu ainda: o vizinho viera para almoçar. Estavam à mesa. O vizinho era grande, com grandes mãos que destroçavam o osso de um pernil. Aquela mão enorme aproximou-se da borda do cálice – o único cálice da casa. O homem falava contra a insensatez do aumento das décimas que a Câmara impunha às propriedades.

– Uma insensatez – e a mão aproximou-se do cálice, vacilou, parou no ar. – Não devemos pagar. – E agora, sim, a mão pousou sobre o cálice. Ergueu-se, mas o dedo indicador ali ficou esquecido e roçou de leve pela borda do cálice.

Ouviu-se o tinir límpido do dedo roçando a borda do cálice. O pai olhou para Quincazé e sustentou o olhar até que o filho disse, acanhado:

– Lá natural.

O pai tomou do bolso o diapasão em forma de U, deu-lhe uma pancadinha e encostou-o no tampo da mesa. O som multiplicou-se. Era o Lá.

Deram-lhe quarto exclusivo na casa. Ele não precisava mais recolher os penicos debaixo das camas.

O ouvido absoluto de Quincazé operava maravilhas. Aí uma injustiça: só uma pessoa entre dez mil o possui. Wagner e Schumann nunca o tiveram.

Os vizinhos pediam-lhe que dissesse a nota de qualquer som.

O pio daquele pássaro: Ré.

O guincho daquele porco: Ré também.

As batidas do martelo na bigorna do ferreiro: Fá sustenido.

Isso era apenas uma diversão.

IV

Aos seis anos Quincazé tocava numa rabeca – e aos dez fazia parte da Lira. Aos treze tocava flautim e qualquer outro instrumento, substituindo quem faltava. Tocava até a trompa, o instrumento mais falso que existe.

O mestre da Lira, impressionado pelo talento do filho, destinou-o a sucedê-lo no posto. Ademais, sua própria fraqueza criativa o alarmava. Logo não comporia mais nada. Parava-se aterrorizado ante uma folha pautada de música. Por mais que espremesse o cérebro, só lhe saíam idéias repetidas ou com as quais não tinha capacidade de trabalhar. O filho, um dia, deveria aprender composição para escrever as músicas para a Lira. A última pessoa hábil a ensiná-lo seria o pai. Ele foi à busca de informações sobre um professor.

Para Quincazé, prazer semelhante à execução musical era sentar-se no primeiro banco da Matriz e escutar a Lira, e mais ainda quando era missa solene. Respirando a fumaça dos turíbulos, decorou a letra de todos os rituais. Sabia que a passagem *Et incarnatus est ex Maria Virgine*, do Credo da missa, deveria ser cantada em andamento moderado. Nesse instante ele jurava enxergar a pomba do Espírito Santo esvoaçando pela capela-mor.

Durante um longo e elaborado *Amen*, seu olhar ficou preso a uma menina de longos cabelos, ajoelhada junto a um senhor. Não estavam bem vestidos. A menina tinha o rosto cheio, cor de cuia. Batia com a polpa dos dedos na madeira do banco. Jamais perdia o compasso. Nunca mais a enxergou, só muito depois, quando era moço. O que o intrigava e atraía eram as sobrancelhas negras, quase unidas.

V

Não havia clavicórdio em casa, sequer uma espineta ou uma cítara. Músicos devem conhecer os artifícios do teclado para se desempenharem numa variedade de instrumentos: cravo, espineta, celesta, órgão. O harmônio ainda não fora inventado.

Quincazé foi estudar no cravo de teclado único que pertencia a um juiz. O magistrado, depois de pedir que ele identificasse algumas notas soltas sem vê-las, depois de encantar-se, ensinou-lhe as técnicas do instrumento. Fez com que tocasse de olhos vendados. Em seis meses Quincazé tocava como um anjo. Horas ao teclado permitiram-lhe uma agilidade igual a dos pássaros. Estudava mais do que cinco horas por dia.

– É um novo Mozart – o juiz dizia às visitas.

Bom diletante, ensinou-lhe ainda a habilidade em pôr a força nos dedos e não nos braços. Colocava-lhe partituras à frente, deixando-o à vontade. Ia ler seus processos ao som da música.

Assim passaram-se dois Natais. Na Páscoa seguinte Quincazé ganhou do juiz um livrão de obras para cravo. Ali havia de todos os gêneros. Os autores eram italianos: Tartini, Scarlatti, Giusti, Vivaldi, Corelli. Eram nomes novos e belos, arejados por vogais. Ao dizê-los Quincazé evocava a imagem de uma fonte de mármore a jorrar água. Nereidas sobrenadavam as águas. Essa imagem ele enxergara numa gravura aquarelada na casa do juiz.

Foi com a filha do juiz que aprendeu a ler e escrever. Fez rápido progresso, pois a moça era inteligente e feia. Em pouco tempo encheu oito cadernos e escrevia "o cravo" com a naturalidade de quem escreve "a cadeira" ou "a porta". Sua letra tornou-se impecável, de moça. Isso o acompanhou por toda a vida.

Não existia música que não conseguisse executar. Desenvolvera ao requinte a arte de dar força nos dedos.

Disse ao pai:

– Sei tocar cravo. Cravo é instrumento de gente rica. Estou feito.

O pai mandou que não dissesse besteiras. Para o pai, saber solfejo e tocar instrumento, mesmo que fosse um cravo, mesmo que tivesse ouvido absoluto, não o fazia músico. Só o compositor era músico. O Padre-Mestre José Maurício Nunes Garcia, do Rio de Janeiro, tornara-se famoso depois que se dedicara à composição. Mas ser famoso é só um luxo. Deve-se cumprir bem e com fidelidade o próprio ofício.

– Nosso luxo é a nossa Lira.

VI

O declínio criador do Mestre da Lira era notado. Os músicos queixavam-se entre si, embora não soubessem de ninguém melhor para dirigi-los.

O Bispo de Mariana, de bom ouvido, se apercebera das repetições. Disse: "Mestre, estimo-o; o senhor é um homem de bem, mas tocou dois anos seguidos essas *Lamentações de Jeremias*".

Quincazé, alheio a esse desgosto, admirava-se com a beleza da voz humana. Sua primeira paixão carnal foi pela soprano que cantou um Kyrie. Ao final do Kyrie a atenção de Quincazé estava na contralto, que nada mais fazia do que preparar-se para cantar o Sanctus, mas que possuía a figura doce de Santa Cecília.

"A voz humana é muito mais bonita que a voz de um clarinete, e ainda mais bonita é a voz de uma mulher." Assim pensou por toda a vida, mesmo quando as mulheres e o desejo por elas não passavam de uma inocente lembrança.

VII

Gioacchino Rossini também tinha ouvido absoluto. Isso distraía seus amigos. Era tão desenvolto em sua arte de compor óperas que dizia: "Dêem-me um rol de roupas sujas e eu o transformo em música".

Rossini foi um homem gordo. Era o mais superficial e alegre dos músicos. Tornou-se o maior artista do século e sua fama expandia-se até as Américas. Rico, vivia em Paris, agora dedicado à gastronomia. O *tournedos alla Rossini* foi inventado por ele para o Café Anglais. Também os *cannelloni*.

Num retrato fotográfico feito por Nadar, vê-se: é pessoa muito feliz, alastrado sobre uma cadeira, a mão para dentro da casaca. Ele ri para a lente da máquina de Nadar. Os olhos cintilam. Nós ficamos tristes porque não estamos compartilhando daquele prazer.

VIII

O pai estava sentado no cadeirão de jacarandá e forro de gobelim muito gasto. Era noite. A sala iluminava-se apenas pela lamparina ao pé de uma imagem de Santo Antônio. Deixara a cama devido à dor no peito. Viera para a sala para pôr seus órgãos em posição natural: os pulmões sobre o estômago e o estômago sobre os intestinos. A dor passava. Tinha o lenço na mão direita. A dor cessou.

Agora lutava contra o sono. Queria estar desperto, gozar por mais tempo a bem-aventurança de seu corpo em silêncio. Quem sabe até lhe viria inspiração para compor. Tinha o tema musical mas não sabia como desenvolvê-lo. Voltava sempre ao tema e aí ficava. Batia com o punho no braço do cadeirão.

Um vulto ágil ultrapassou o corredor rumo à porta da rua. Ocupado com suas desgraças, não o percebeu. Era a segunda vez que aquilo acontecia na semana.

IX

Além de tocar na Lira e apresentar-se como um prodígio de circo, identificando as notas soltas, Quincazé dava aulas de viola e rabeca. Tornara-se homem de um momento para outro, como acontece aos meninos.

O pai, perambulando pela casa numa de suas noites de dor e inúteis estertores à busca de idéias, descobriu o filho esgueirando-se pela ruela onde moravam. Quincazé ia desbaratar a virtude num diminuto prostíbulo à entrada da vila, ou nem tanto: ia cantar modinhas, acompanhando-se à viola. As putas enterneciam-se por seus olhos derramados de negro e pela bela voz. Davam-lhe uma moeda a cada noite. Ele possuía um saquitel cheio de peças de cobre que levavam a efígie de um rei.

Na manhã seguinte suportou reprimendas e anátemas. Nem a mãe conseguiu safá-lo da ira paterna. O pai decidiu que era chegada a hora de mandá-lo estudar composição. O Bispo de Mariana havia-lhe indicado o organista da igreja da Ordem Terceira de São Francisco de Assis da Penitência, em Vila Rica. O Bispo garantiu auxiliá-lo de sua caixa particular.

– Vá – disse-lhe o pai. – Aprenda o que for necessário para compor para a Lira e volte logo.

O jovem fez as oito léguas a cavalo. Deslumbrou-se com as matas, os morros, os ribeiros e os campos. Possuía a experiência necessária para entender que aquilo eram paisagens.

Hospedou-se na casa do organista da igreja de São Francisco, que alugava cômodos para seus pupilos, uns meninos patetas.

O organista tornava-se um selvagem com quem não lhe entendia as vontades. As aulas práticas eram dadas no vistoso órgão de tubos, com dois teclados superpostos. As demoníacas e densas sobrancelhas do organista projetavam grandes pêlos para além do rosto. Escrevia alguns acordes no início de cada pauta do livro de solfas, marcava o compasso, desenhava a armadura tonal e ordenava a Quincazé que fizesse todas as modulações possíveis. Saía. Na volta, pedia o livro. Em seu rosto duro às vezes as linhas abrandavam-se. Alguém com imaginação e benevolência poderia ver ali alguma crispação de agrado. Ao corrigir um aluno, escrevia com tanta raiva a ponto de furar o papel e quebrar as penas de escrever.

Quincazé jamais revelou que possuía ouvido absoluto. Isso fazia com que estivesse sempre na classe dos atrasados: podia fingir que estava aprendendo.

Esse inferno durava havia mais de seis meses. Quincazé queria morrer. Nas cartas ao pai ele se lamentava. O pai mandava-lhe ficar quieto, aprender logo a composição e honrar a ajuda que lhe concedia o Bispo.

X

Ele enxergava a banda militar do Regimento de Vila Rica. Vinham em direção à Casa da Câmara. Era uma formação colorida e barulhenta, estralejando as esporas no piso empedrado. Seu Sargento-Mestre fazia gestos que precisavam ser vistos por todos os soldados-músicos. Eram gestos exuberantes, a marcar 1, 2, 1, 2, 1, 2. Suava muito, em seu pesado uniforme. Os botões soltavam lampejos dourados.

Quincazé cruzou os braços, olhava e ouvia. Sem a doçura das cordas, a música adquiria a ardência metálica dos faiscantes capacetes de cobre. Pensou que o timbre de florestas, emitido pelos clarinetes e pelos oboés, poderia tornar mais amena aquela música. Música desafinada, a propósito. Ouviu-a harmoniosa, em sua imaginação. Descobriu que possuía o talento de ouvir com a imaginação.

Os soldados-músicos tinham o olhar de conforto de quem recebe o soldo todos os meses. Se o pai fosse Sargento-Mestre, teria dinheiro suficiente para pagar consultas aos médicos mais caros, quem sabe livrava-se dos ataques.

"Eu, eu nunca vou ser músico militar", ele pensou, enquanto apenas seguia com os olhos, sem mais ver, a evolução da banda, "isso é coisa de gente sem arte".

XI

Em Vila Rica vivia um homem abastado e ilustre. Chamava-se Bento Arruda Bulcão e era bacharel. Seu solar de dois pisos situava-se na principal rua. À porta, anciãs pediam dotes às netas, negros imploravam dinheiro. Bento Arruda Bulcão em geral atendia-os e os proibia de comentar o fato.

Tinha amigos no estrangeiro e correspondia-se em francês e inglês. Conhecia o latim. Possuía uma carta de Lamartine, que começava com *Mon cher ami brésilien*. Além disso, levava dois anos na tradução do *Ars amandi*, do original. Considerava-se um homem do século anterior, o que trouxera a luz ao mundo. Ele era uma espécie de fim de raça, mas isso não o desagradava. Em sua biblioteca de trezentos livros constava a edição *princeps* de *La nouvelle Heloïse*, mais o volume doze da *Encyclopédie*, que iniciava pelo verbete "Parlement" e ainda um inexplicável volume avulso do *De humani corporis fabrica* de Vesalius. Falava-se de sua admiração pelos homens da Inconfidência, o que não era total verdade, embora lamentasse a sorte que tiveram. Gostava de pinturas e esculturas, uma exorbitância num meio em que a riqueza contava-se pelo peso do ouro. Estava certo de que sua fortuna não lhe sobreviveria. Muitas famílias experimentavam essa decadência. Está nos livros de História.

Vivera uma amargura pessoal. Não conseguira coabitar com sua jovem esposa, mulher muito branca, muito estranha e distinta. Não lhe faltara o desejo. Amava-a. Entre o desejo e o ato procriador, porém, algo insuperável se lhe antepunha. Tinha uma ereção leve e fugaz. Ele saía da cama e ia para seus livros.

Muito jovem, ganhara do pai um cravo italiano de dois teclados feito em madeira da Índia, com folhas de acanto marchetadas com ébano e filetadas em bronze. Possuía uma bela pintura no interior do tampo. Ele aprendera a tocar com um aluno de Lobo de Mesquita. Nem o gosto pela música o abençoara. O instrumento permanecia silencioso no salão às escuras, coberto por uma colcha branca de tafetá sobre a qual pousava um vaso de Sèvres negro e dourado.

Fizera-se examinar por quatro médicos. Prescreveram-lhe tratamentos repugnantes, inúteis ou ridículos. Quando toda a gente já comentava o seu mal, ele devolvera a mulher e seu dote para o sogro e fechara-se no solar. Ficara à espera do dia em que ganhasse coragem para dar fim à vida e para isso mantinha, na gaveta do criado-mudo, uma garrucha e um decorativo punhal de Toledo.

Em dez meses, entretanto, passara o entorpecimento da falsa viuvez. O amor pela mulher transformara-se numa saudade, e a vergonha, numa aceitação da vida.

Voltara a dedicar-se às artes. Dilapidou seus haveres. Encheu a casa de objetos irrelevantes e dispendiosos. Comprou quadros e contratou um escultor para fazer seu busto em mármore. Adquiriu uma pêndula francesa, neoclássica, de prata e madrepérola, cujo som fantasmagórico aterrorizava os criados. Ele dizia haver pertencido a Pauline Bonaparte. Tentava com a ostentação o que não conseguira na cama nupcial. Apercebendo-se dessa armadilha que preparara a si mesmo, caíra no mais atroz desconsolo.

Num domingo à tardinha, o momento dos suicidas, ele foi até o cravo, tirou o vaso de Sèvres, tirou a colcha que cobria o instrumento. Abriu o tampo, fixou-o. Aberto, o tampo revelava a pintura, um medalhão gracioso representando Orfeu a amparar entre os braços o cadáver de sua amada Eurídice. Orfeu chorava sob o dístico retirado do trecho da ópera de Gluck: *Che farò senza Euridice, dove andrò senza il mio ben?* De pé, sem vontade, experimentou o teclado. As notas, mesmo desafinadas pelo desuso, vibrando em meio ao silêncio, soaram-lhe novas e promissoras. Foi servir-se de um copinho de licor de jenipapo. Sentou-se ao cravo. Pôs a mão direita no teclado superior e a esquerda no outro. Seus dedos ainda sabiam onde estavam. Foi o recomeço. Mandou afinar o cravo.

A partir daí, deu-se a madrugadas musicais. Descobrira o gosto da improvisação. Gostava de partir de uma pequena música, escutada na rua. Com ela compunha duas ou três variações e as repetia até memorizá-las. Nunca as anotava, embora fosse hábil na escrita das pautas.

Quando se achava preparado, chamava os vizinhos e os fazia escutar as novidades. Estava salvo.

Ou assim pensava. Ninguém está a salvo de nada.

XII

Informado acerca do solitário músico e seus estranhos serões, Quincazé foi procurá-lo, e foi à noite. Não se sabe a data em que isso aconteceu. O organista de São Francisco não descobrira a fuga, e os colegas não eram audazes o suficiente para delatá-lo.

Sobre a porta do solar, como em todas as portas nobres, havia o lampião com a chama oscilante. O lampião soltava um fio de fumaça que se evolava em evoluções maleadas de voltas para se dissipar no ar coagulado. Tudo ali tinha uma vetusta dignidade.

Bento Arruda Bulcão recebeu-o vestindo um robe de brocadilho azul e um turbante com a ponta caída sobre a espádua. Apareceu com um castiçal. As rendas holandesas do camisolão de cambraia saíam para além das mangas. Estando em casa, os homens de qualidade vestiam-se dessa forma. Era algo corpulento porque nos últimos anos excedia-se nos pastéis açucarados.

Perguntou a Quincazé o que desejava. Ao escutar-lhe o nome e, em seguida, "gostaria de poder estudar no seu cravo", de início não o levou a sério. Perguntou-lhe se sabia tocar alguma coisa.

– Tudo.

– Pois entre – e indicou o instrumento. Ao fazer o gesto, cintilou um rubi no dedo índice da mão esquerda. Veio para uma cadeira de balanço. Acendeu o charuto.

Quincazé acertou o banco para sua altura.

O cravo era grandioso, com aquela singularidade dos dois teclados superpostos e paralelos, como num órgão. Fascinante era a cena pintada no interior do tampo, um casal lendário, aquela mulher morta nos braços de um homem. Pela primeira vez enxergava, juntas, a riqueza e a morte.

Bento Arruda Bulcão observava o jovem visitante. Reconheceu nele, pela postura frente o instrumento, alguém que deveria ser considerado.

– Toque.

Quincazé pensou. Antes de tocar, premiu as teclas num acorde de Sol maior.

– Toque uma música. Isso é apenas um acorde.

Quando Bento Arruda Bulcão escutou-o executar de memória a soturna *Introduzione* de Basquini, dando-lhe uma força nunca imaginada, ele apagou o charuto. Veio sentar-se mais próximo. Apoiava o cotovelo no cravo. Perguntou ao jovem o que sabia mais. Quincazé, sem anunciar e também de memória, tocou um tema com a mão direita, no teclado superior.

Era uma cantiga infantil, com vinte e duas notas. O balbucio de uma criança. Era belo. Disse: "Agora a primeira variação". Acionando o segundo teclado com a mão esquerda, a mesma frase voltou, ainda delicada, fazendo um contraste com a anterior; era a mesma frase sim, mas era outra, adensada e colorida, que conversava com a primeira. Disse: "Segunda variação". A frase tornou-se ríspida, com o contraponto em filigranas de perguntas e respostas entre os dois teclados. "Terceira variação." A melodia ganhava uma complexidade sonhadora, diluindo-se em arpejos e evocando bosques e caçadas. "Quarta." Ninguém mais reconheceria a canção do tema: um compasso incomum transformara-o numa escala que ondulava como panos ao vento. A frase iniciada pela mão esquerda era completada pela mão direita.

– Pare – Bento Arruda Bulcão pôs sua mão sobre a de Quincazé. – O que está tocando?

– Ouça – Quincazé desvencilhou-se daquele toque úmido.

Seguiram-se mais variações, algumas lentas como a resina a escorrer de uma árvore; outras, rigorosas. Houve também as épicas. Algumas eram batalhões em marcha.

– Escute a última. – Nela explodiu a loucura completa, feroz, compulsiva, trágica. O instrumento saía de controle. Quincazé respirava forte. A testa brilhava de suor. Todo o corpo se agitava. O teclado era uma serpente que tomava conta das mãos, dos braços. No último acorde instalou-se uma ilusória paz à loucura. Um pressentimento e uma pergunta ao final.

– Responda, Joaquim José. Isso é de outro ou você improvisa?

Quincazé conduziu o olhar para o instrumento. Estava assustado por aquela equívoca proximidade. Sentia o hálito forte de Bento Arruda Bulcão.

– Sonata *La follia*, de Vivaldi. Aprendi com um juiz em Itabira. Decorei todas as variações.

Bento Arruda Bulcão recostou-se na cadeira. Quincazé era um verdadeiro músico.

– Você vai longe – disse, falando para si mesmo. – Um dia você vai se tornar mais conhecido que o Padre-Mestre José Maurício Nunes Garcia.

Quincazé tocou por mais uma hora. O cravo submetia-se com crescente docilidade a todas as suas imaginações.

Bento Arruda Bulcão, abalado pela descoberta, nada mais queria saber. Apenas deixava que Quincazé tocasse. Escutava-o, já com os olhos fechados.

Quando se despediram, nada combinaram. Bento Arruda Bulcão tinha como certo que o jovem músico voltaria.

XIII

Encontravam-se a cada noite. A cozinheira punha-lhes à disposição uma travessa de prata com frango frio, pão, farofa, pastéis açucarados, refrescos e licor de jenipapo.

Uma das grandes descobertas de Bento Arruda Bulcão foi a capacidade do jovem em improvisar variações: Quincazé não precisava decorar as escritas por outros. Bento Arruda Bulcão ensinou-lhe aquilo a que chamava de "a disciplina da liberdade":

– Só homens livres, só cidadãos conseguem improvisar variações.

Quincazé não entendeu e, ao perguntar, escutou:

– Ainda não é tempo – Bento Arruda Bulcão foi ao cravo e tocou um tema musical. Depois começou a executar variações, extraindo do tema todas as suas possibilidades melódicas e harmônicas.

Quincazé olhava aquelas mãos de dedos longos e brancos, mas não femininos. Por reflexo recolhia as suas.

Até que chegou a sua vez. Bento Arruda Bulcão tocou um tema, que era o *Meu bem foi à fonte*. Cedeu a Quincazé o lugar ao cravo.

– Improvise.

O jovem, vendo o olhar de incentivo, procurou concentrar-se. Iniciou uma primeira variação, tímida, quase igual ao tema. Olhou para Bento Arruda Bulcão, que lhe disse para seguir. Tocou uma segunda, em que se permitiu mais liberdade e, sem que esperasse, estava no sexto improviso, uma variação em tom menor.

– Isso – dizia Bento Arruda Bulcão. – Basta não esquecer o tema.

Quanto a si, Quincazé concluía que, improvisando, tornava-se um músico por inteiro. Bento Arruda Bulcão entendeu que em Quincazé estava o sentido que poderia dar à vida.

O jovem o superou, não apenas na virtuosidade como na intensidade do sentimento. Uma vez pediu papel de música, precisava anotar algo.

– Não – disse Bento Arruda Bulcão. Quincazé sentiu-lhe um vago perfume, mole e doce. – Não é preciso. – Disse:

"No momento em que se anota a música, ela perde o seu drama. Mesmo que o compositor escreva todas as indicações, *presto*, *largo*, *moderato con espressione*, nunca será como ele pensou e como ele sentiu. *Allegro con fuoco*, diz às vezes na partitura. Mas qual o fogo, qual a alegria? São apenas palavras. E o que são palavras?"

Quincazé fixava-o com olhos quietos e reflexivos. Nunca pensara haver tanta filosofia na música.

XIV

Seguiam as tediosas aulas com o organista da igreja de São Francisco de Assis. Quincazé apenas sentia o tempo correr quando o Mestre lhe dava algo de José Maurício Nunes Garcia para tocar. Deslumbrava-se com a melodia, com o pouco acompanhamento da mão esquerda. Como soaria executado por uma orquestra? O organista, entretanto, o espreitava:

– Isso, divirta-se com José Maurício. Apesar de negro como você, ele tem ciência. Às vezes toco algumas antífonas dele.

As aulas tornavam-se cada vez mais previsíveis. Quincazé desejou que o Mestre fincasse uma espinha de peixe na garganta e morresse a rolar pelo chão.

O organista disse-lhe:

– Hoje você vai compor. Um minueto, em Dó maior. Quero uma partitura para teclado simples. Não se aventure em orquestração – e saiu, deixando-o sozinho. Ainda disse, abafado pela porta: – Já sabe, é na forma de A – B – A. Primeiro tema, segundo tema, primeiro tema. Não invente bobagens.

O embuste de fingir-se ignorante dava resultado. Em menos de meia hora estava escrito. Quincazé observava a aranha que fazia sua teia unindo dois tubos do órgão. "Uma aranha musical", pensou.

Depois pegou o livro que o organista às vezes usava para as cerimônias na igreja e leu na capa: J. S. Bach. Era uma escrita emaranhada, mas com algumas frases magníficas. Descobriu uma palavra, "cantata", que belo nome. Logo depois o organista de São Francisco explicava-lhe o que era uma cantata.

– Uma composição para orquestra, coral e solistas vocais. Um poeta escrevia os versos e o compositor escrevia a música. Caiu de moda. – Interrompeu-se: – Por que quer saber? Decerto não escreveu o minueto, ou escreveu todo errado.

Quincazé entregou-lhe o livro dos exercícios. O organista olhou para o minueto, olhou mais do que deveria, fechou-o.

– Não está tão mal.

Ao sair da igreja, Quincazé decidira: iria presentear o minueto a alguém que muito merecia. Copiou a peça e no dia seguinte deu-a a Bento Arruda Bulcão, que a recebeu com enternecimento. Pousou o olhar naquela partitura e assobiou alguns compassos.

– É simples, é bonito. Quer tocar para mim?

Quincazé pôs a música na estante, sentou-se, estalou as juntas dos dedos e deu início à execução. Tocou o minueto e depois, como irreprimível, começou a executar variações sobre o primeiro tema. Improvisou sobre o tema intermediário. Concluiu com um acorde em *fortissimo*.

– Você começa a não ter mais o que estudar aqui em Vila Rica – disse Bento Arruda Bulcão. – Você é o melhor músico que conheci. Sabe compor nessa idade. Tem um grande futuro.

– Meu futuro – ele contestou – é compor músicas para a Lira do meu pai, em Itabira do Campo.

Bento Arruda Bulcão disse que sim àquele disparate. Mas tinha planos.

XV

Numa noite de sábado, após o Ângelus, Quincazé chegava à casa de Bento Arruda Bulcão. O solar estava com luzes. À porta havia dois lacaios negros vestidos à antiga, com librés novos e perucas brancas. Algumas pessoas chegavam. Quincazé envergonhou-se de sua fardeta de zuarte negra e deu meia-volta. Um criado chamou-o, o patrão pedia-lhe que entrasse.

Entrou e foi logo encaminhado ao salão. Tirou o chapéu. Ali parou. Os convidados, mulheres e homens, cercavam uma pequena orquestra de quatro violinos, duas violas, dois violoncelos e um contrabaixo. Todos os músicos tinham uma estante com partitura. De costas para a orquestra, havia uma outra estante e nela ele leu o título: Minueto.

Bento Arruda Bulcão aproximou-se e, com cerimônia, entregou-lhe uma batuta de ébano com punho de prata e pediu:

– Queira reger para nós. Pedi que fizessem uma instrumentação.

Quincazé nunca regera, apenas observara o pai. Quis desistir. Olhou para Bento Arruda Bulcão. Não tinha como recusar-se.

Concentrou-se.

Baixou a mão e os músicos tocaram em uníssono o primeiro acorde. Levantou a mão e foi o segundo tempo. Ao baixá-la de novo foi o terceiro tempo.

Daí por diante, ele regia. Como soava diferente o seu pobre minueto. Era como escrito por outro.

Terminado, Bento Arruda Bulcão abraçou-o. Disse-lhe que sentasse ao cravo. Voltando-se para a assistência, pediu que alguém assobiasse qualquer música. Um homem de barbas negras levantou-se e assobiou o início do Hino da Carta.

– Um hino? – estranhou Bento Arruda Bulcão.

– O nosso hino constitucional – empertigou-se o homem.

Ante o impasse, Quincazé tomou a iniciativa. Tocou nove variações sobre o hino. A assistência manteve-se de pé. Aplaudiram-no.

Depois que todos tinham saído, Bento Arruda Bulcão agradeceu a Quincazé por haver tocado as variações, que valiam muito mais que o minueto. Mas havia um descontentamento em seu olhar.

– Não esqueça – disse, já à porta –, isso que você tocou por último, esse hino, isso não tem nada a ver com a verdadeira música. Quanto à batuta, fique para você. É um presente.

XVI

O organista da igreja de São Francisco o esperava:

– Você anda tocando e regendo por aí. Vá incomodar outro.

Quincazé pegou seus materiais de estudo e suas poucas roupas. Foi acolhido com alegria por Bento Arruda Bulcão. Dormiu num pequeno quarto abaixo da escada.

Passada uma semana, Bento Arruda Bulcão deu-lhe um aposento no rés-do-chão, com janela para a rua. Ali Quincazé viveu os meses mais felizes de seu aprendizado. Nesse quarto existiam uma cama de solteiro, um armário de cedro, uma pequena mesa monacal, tinta, papel de música e uma sineta de prata, afinada em Sol. Com ela, Quincazé podia chamar os criados.

Vieram duas cartas do pai, que ele deixou intactas sobre a mesa. Temia-as. Olhava para as cartas e ocupava-se com outras coisas.

Aprendiam em conjunto. Sentavam-se ao cravo e improvisavam. Bento Arruda Bulcão insistia que as músicas ficassem habitando apenas a memória. Algumas, todavia, foram encontradas no baú de guardados do Maestro Mendanha após seu falecimento. Eram datadas de Vila Rica. As outras se extraviaram.

Resolveu abrir as cartas do pai: soube que o Bispo, informado pelo execrável organista de São Francisco, suspendera o auxílio. O pai perguntava-lhe o que estava fazendo que não voltava. Quincazé explicou-lhe tudo, tal como podia e o pai entendesse, prometendo-lhe, no próximo correio, enviar uma ladainha de São José que estava compondo para a Lira. Mandou-a um mês mais tarde, às escondidas de Bento Arruda Bulcão.

XVII

A estação progredia. Os dias tornavam-se menores e mais frescos. Os dois ficavam à janela vendo o entardecer sobre as montanhas. O pico do Itacolomi desaparecia seu crescente lunar entre as nuvens, reaparecendo como um milagre repentino.

À noite, recolhidos na sala, Bento Arruda Bulcão lia em voz alta poemas de Lamartine. Fazia movimentos com a mão, escandindo as sílabas. *Ô temps! suspends ton vol, et vous, heures propices! suspendez votre cours...* Suave era a língua francesa. Quincazé escutava depois em português. Piscava muito, atento. Eram coisas tão novas que pareciam mentiras. Com o passar das semanas ele mesmo traduzia, com auxílio de Bento Arruda Bulcão, que lhe dissera:

– Na França revolucionária todos eram cidadãos. No Brasil todos são súditos. Só os cidadãos são livres. Sabe o que é ser livre?

– É não ser escravo. Meu avô era escravo.

– Não. É muito mais.

XVIII

Quincazé, às escuras, olhava para a fresta embaixo da porta do seu quarto. Uma luz de vela movia-se no corredor. Em todo o solar, só havia outra pessoa desperta.

A luz parou.

A luz ficou assim, a chama da vela firmando-se na noite sem correntes de ar. Houve o tempo para que a pêndula francesa soasse um quarto de hora e depois mais outro.

Por fim, a luz movimentou-se. A faixa luminosa vagou para a esquerda e aos poucos extinguiu-se.

Antes de soar novo quarto de hora, já eram trevas.

XIX

Quincazé percorria com o olhar as lombadas na estante de livros. Os livros sempre o intimidavam por tudo que poderiam dizer de escandaloso ou pérfido. Em sua casa não existia livro algum, tirante as partituras.

Bento Arruda Bulcão falou, atrás dele:

– São um grande conforto. – Tomou o volume da obra anatômica de Vesalius, *De humani corporis fabrica*. Abriu a estampa do corpo humano sem a pele, os músculos à mostra. Seu dedo índice, o dedo com o anel de rubi, deslizou pelas artérias e órgãos. Conhecia-as por seus nomes em latim. Voltando várias páginas de uma só vez, deteve-se numa estampa que representava o órgão viril da procriação aberto em meio a vísceras arrancadas. Um drama de sangue, veias, músculos e testículos. Seu olhar divagava. Houve um silêncio.

– *Masculina genitalia* – disse Bento Arruda Bulcão. – Jamais vou entendê-las.

No outro dia, Quincazé voltou às escondidas a Vesalius. Achou o livro; todavia, a estampa da *masculina genitalia* não estava mais lá.

Ele também aprendeu princípios de Moral e Lógica, os mistérios das noites estreladas, Cícero, a História de Roma e a Geografia Universal. Aprendeu a mitologia grega, que continha as mais fascinantes histórias.

– Os deuses – explicava Bento Arruda Bulcão – faziam tudo o que queriam e não era pecado.

44

Bento Arruda Bulcão ensinava-lhe as palavras mais raras e as frases mais preciosas. Mandava-o repetir as declinações latinas. Deu-lhe o dicionário *Moraes* para que decorasse os vocábulos mais difíceis: saeta, persuadimento, dementar.

Quincazé passou a falar como um poeta doutor, hábito que manteve até o fim. Mesmo as últimas palavras de sua vida foram impecáveis.

– Por que devo ser sábio? – perguntou.

– Até agora você tocava música, e tocava com exatidão e beleza, mas não sentia a música por inteiro. Um músico, para sentir a música, deve ser sábio. Uma coisa é tocar no cravo, outra é saber o que está tocando – Bento Arruda Bulcão fez uma de suas pausas. – O mal, meu menino, é que, com a sabedoria, vem também o sofrimento.

O sofrimento acontecia, para Quincazé, apenas quando um martelo batia na mão, ou quando doía a barriga.

– Sofrimento? – quis saber.

– O sofrimento do espírito.

– Então não quero ser sábio.

– Quando começamos a ser sábios, meu menino, não há volta.

Muito Quincazé deixou de aprender, embora os livros à disposição. Se tivesse lido os *Ensaios* de Michel de Montaigne, menos padeceria. A longa fala de Aristófanes, no *Banquete*, iria esclarecer as coisas que agora o desconcertavam em Bento Arruda Bulcão. Deixou de ler também o *Hamlet* em versão francesa, que jazia a um canto da estante. Esse drama iria ensiná-lo que depois da existência humana e seus tantos trabalhos, depois da exaustão a que nos obrigam os fatos da vida, depois que tudo se transforma em pó e cinza, o resto é silêncio.

XX

Nas tardes tépidas faziam passeios pelos montes vizinhos. Iam a cavalo. Lá de cima contemplavam Vila Rica e suas tantas torres de igrejas, seus solares pegados uns aos outros, as ladeiras por onde as carroças se arrastavam como lagartos. Erguia-se o rumor distante das vozes encarceradas no passado da cidade tão bela.

A amizade avançava para o segundo ano.

Bento Arruda Bulcão parou. Mirava com ternura o rosto de Quincazé, examinando-lhe a testa, os anéis dos cabelos negros, a pele morena e sã.

Quincazé fustigou a montaria e afastou-se com a desculpa de ver a paisagem. Aquele olhar o confundia. Já acontecera antes.

Bento Arruda Bulcão quis dizer algum pensamento, via-se, mas fez-lhe sinal para seguirem caminho. E assim foram, sem se falarem.

Chegaram quando era escuro. Bento Arruda Bulcão mandou a criada acender o lampião sobre a porta.

Quincazé recolheu-se cedo. Procurou algo para travar a porta. Não encontrando, soprou a vela antes do tempo.

XXI

.

Foi quando Quincazé completava um acorde completo de Si menor. Bento Arruda Bulcão caminhou pela sala, parou junto ao relógio de Pauline Bonaparte, as mãos no encosto da cadeira. Seu perfil duplicava-se na porta envidraçada do relógio. Era como se ele estivesse dentro do mecanismo. Tinha preparado aquela fala por vários dias. Murmurou em voz abafada, como alguém que não quer dizer:

– Preciso que saiba.

Explicou-lhe algo. Explicou-lhe que ele, Quincazé, tornava-se um músico com muita habilidade; sabia compor mais que qualquer pessoa que ele conhecesse, era um notável improvisador. Mas não sabia tudo. Nem o juiz de Itabira da Serra, nem seu pai, nem esse tolo organista de São Francisco, nem ele próprio, Bento Arruda Bulcão, tinham suficiente conhecimento da arte musical. Ninguém na Província das Minas Gerais seria capaz de ensinar-lhe composição de verdade. O músico que não compõe é uma ave que não voa. Improvisar é para a alegria; compor é para o espírito.

– É preciso que você vá para o Rio de Janeiro, estudar composição com o Padre-Mestre José Maurício Nunes Garcia. – Aproximou-se. Quincazé ergueu-lhe os olhos, espantado ao escutar aquele nome. – Meu menino, só eu sei como isso é difícil para mim. – Bento seguiu: – Dou-lhe o dinheiro suficiente para que não passe necessidade por cinco, seis meses. E leve isto – foi ao aparador, pegou uma tabaqueira de platina, ouro e diamantes e entregou-a: – Se precisar, você pode vender.

As palavras de Bento Arruda Bulcão tinham sempre um caráter irredutível. Quincazé perguntou quanto tempo permaneceria no Rio de Janeiro.

– O necessário. – O rosto de Bento Arruda Bulcão ficou de súbito velho e gasto. – Grande dor é a separação. Escreva-me sempre, sempre. Estarei esperando as cartas e contando as semanas.

– O senhor é rico. Poderia mandar vir um bom professor para me ensinar.

Bento sorriu à inocência:

– Quero o melhor. Vá, antes que eu me arrependa. E não se esqueça de mim nem por um dia, uma hora. – Seus olhos se apagaram e ele disse cada palavra: – Posso ser um homem morto, se isso acontecer.

Quincazé assustou-se. Era a trama de um futuro não desejado por ele e que o comprometia contra a vontade.

As dúvidas de Quincazé não duraram muito. Pensara na extravagância de ir tão longe, de conhecer a lenda que era o Padre-Mestre José Maurício Nunes Garcia, de perder-se pelos caminhos perigosos que levavam ao Rio de Janeiro. Pensara na morte. Pensara numa idéia insensata: a de que, chegado ao Rio de Janeiro, nada mais saberia de sua arte. Seria devassada sua incapacidade. Iria petrificar-se perante José Maurício Nunes Garcia, que o receberia num trono com dossel, cercado de princesas e príncipes, anjos e querubins. Como um pesadelo.

Pensara numa idéia mais terrena: para que ir estudar, se sabia o suficiente para compor para a Lira de Itabira do Campo? Precisaria disso tudo?

– É essa humildade – ouviu de Bento Arruda Bulcão, que o escutara – que faz a miséria da nossa arte.

Embora Quincazé não entendesse o sentido da frase, ela foi dita com tanta certeza que ele aceitou a sua conseqüência. Ao entardecer decidira-se a viajar.

Agora já ansiava pela viagem. Na determinação estava agora o desejo de afastar de si essa amizade com tantas circunstâncias e que prendia seus braços, sua inteligência e sua alma.

XXII

Estavam à entrada do solar. Despediam-se. Bento Arruda Bulcão disse-lhe adeus e fechou a porta. Logo tornou a abri-la. Fixava Quincazé com pena e devoção. Voltou e o abraçou. Deu-lhe um beijo no rosto.

Fechou de novo a porta, com firmeza, mas sem rispidez.

Quincazé ficou olhando para os lavrados da enorme porta de cedro. Nunca iria esquecer aquele rosto. Nele enxergara o traço de uma sofrida mágoa, tão grande que fazia temer pelos eventos próximos. Quis inventar uma desculpa, voltar atrás. Bateu à porta. Esperou. Ele então soube que algo profundo e triste ficava à espera, porventura para sempre.

Ao chegar à rua naquele dia tão luminoso, ante a paisagem que aparecia por cima e por detrás das casas, ante o sossego das pessoas e ante os sons alegres das esquinas, ele sentiu o assombro de uma surpreendente liberdade.

XXIII

Ainda escutando as pancadas na porta, Bento Arruda Bulcão voltou à sala grande. Mirava um por um os objetos que estivera juntando até agora, amontoados sobre aparadores, peanhas, consoles e mísulas. Aproximou-se de um São José em bela talha mineira, que portava o lírio da pureza. Ficou olhando para a brancura daquele lírio. Foi ao cravo e fechou-o. Repôs a colcha branca de tafetá sobre o tampo e, sobre a colcha, o vaso de Sèvres.

Chamou a criada:

– Aquele menino logo vai voltar. Não desmanche as acomodações dele. – Fez um sinal como se espantasse um inseto. Olhava sem destino, procurando algo que sabia não mais existir.

A criada viu-o subir para o quarto.

XXIV

Frente ao pai já esclarecera tudo, as implicâncias do organista de São Francisco, os estudos salvadores com Bento Arruda Bulcão, o propósito de ir para o Rio de Janeiro a fim de estudar composição com o Padre-Mestre José Maurício. Viera a Itabira do Campo para buscar roupas e receber a bênção paterna.

O pai escutava-o. Parecia não entender:

– Isso é uma loucura. O Padre-Mestre nem vai receber você. E com que dinheiro? O Bispo, com muita razão, suspendeu a ajuda.

Quincazé interrompeu-o, dizendo que Bento Arruda Bulcão pagaria todas as despesas.

– Não me diga, agora – o pai seguia, como se não houvesse escutado – que deseja compor música para salões. Eu queria que você fosse um músico e agora quer ser artista. Não, eu não o abençôo. Que Deus o abençoe, se assim quiser. Você tem o seu trabalho, que é escrever peças para a Lira. Já perdeu muito tempo. – O pai estava de costas ao dizer: – Não demore.

– Prometo – disse Quincazé, alegre, mas sem força. – Antes disso, mando ao senhor todas as músicas que for compondo. O senhor gostou da Ladainha de São José que lhe mandei?

Sem resposta, o pai sentia-se desonrado por não ser ele a providenciar o futuro do filho. Quincazé alçava vôo de sua vida. Quanto à Ladainha, ele a executara com a Lira na igreja Matriz. Durante os ensaios não dissera aos músicos que a autoria era do filho. Recusou-se, porém, a receber os cumprimentos pela música que não compusera. Por fim, contou-lhes a verdade.

DA ARTE DE TOCAR UM INSTRUMENTO: é assimétrica e perversa a relação entre um músico e seu instrumento. Há nela uma escravidão. Nenhum músico pode dizer que domina seu instrumento. O instrumento submete-o a desafinações, lapsos, submete-o a vexames públicos.

O instrumento exige uma dedicação que vai para além da fé religiosa.

O instrumento tem o dom de emascular o executante. Enquanto pratica o instrumento, o executante sente seu sexo contrair-se como numa noite de inverno.

Quanto às mulheres, o instrumento leva-as às margens de uma pureza bem-aventurada. Tocando seu instrumento, as mulheres tornam-se invioláveis. A bela e trágica Jacqueline Du Pré estabelecia um evidente pacto amoroso com seu violoncelo, mas era algo que se realizava no domínio dos deuses.

DOIS

CAPITAL DA PROVÍNCIA AO SUL, 28 DE AGOSTO DE 1885, SETE E MEIA DA TARDE

O Maestro Mendanha desce do adro da Catedral.

Esses riscos de luz, que voltaram alucinados, aumentam a instabilidade da escada. Ele se firma no corrimão de pedra. Escolhe os degraus. Mesmo ao impreciso anoitecer, ele avista os dois jornalistas, sentados a um banco da praça, fumando. "Ainda estão lá. Ainda me resta isso."

Vai ao encontro deles e diz-lhes que vai lhes falar, mas o que esperam de um quase-morto, senão a notícia da sua morte? Eles devem apenas escutar.

Os jornalistas, animados, abrem espaço entre eles. O Maestro Mendanha senta-se com um breve gemido. Põe a bengala entre as pernas.

– Estou muito mal. Me ajudem. – Diz:

"Nasci neste século e nele vou morrer. Foi neste século que aconteceram as minhas três mortes, todas no mesmo dia. Calma. Alguém só morre uma vez. Foram mortes de outros. Os três mortos eram muito mais velhos do que eu. Agora eu sou o mais velho de todos. O próximo a morrer sou eu".

Ele faz uma pausa contemplativa. Baixa os olhos. Ah, os fogos por seus olhos. E o ar é esse traidor que foge de seus pulmões.

Um dos jornalistas, sorrateiro, pega do bolso sua caderneta Moleskine, molha com a ponta da língua o grafite do lápis. Mendanha põe a mão no seu pulso.

– Não anote.

Ele diz:

"Por causa dessas mortes, mortes, me foi tirada uma coisa muito importante, uma coisa que eu procurei por quarenta anos. Por causa dessas três mortes eu vim para o Sul. Foi esse purgatório de quarenta anos que me ajudou a recuperar o que eu julgava perdido.

"Aquele pacote que os senhores me trouxeram, ele vai mudar a minha biografia, mas só depois da minha morte. A notícia que os senhores esperam virá depois."

Joaquim José de Mendanha tosse e tenta se levantar. Vacila, agarra-se no encosto do banco. Os jornalistas ajudam-no a firmar-se. Ele custa a dar cobro de si.

– Adeus – diz.

Ruma para casa, a poucos metros dali. São passos trôpegos, mas que agora são mais leves, como se ele flutuasse.

I

No Rio de Janeiro, Joaquim José maravilhou-se pela visão do mar, o qual lhe pareceu uma água sem fim. Ele sabia que do outro lado do mar ficavam a África, os leões e girafas. Aprendera aquilo com Bento Arruda Bulcão. Deveria escrever para ele.

No Rio de Janeiro algumas pessoas falavam de maneira bastante difícil e ele entendia tudo.

Foi assistir à missa na Capela Imperial. Gostou da música. Gostou dos solistas vocais; eram vozes muito superiores às de Itabira do Campo e mesmo às de Vila Rica. Cantavam como se não fizessem qualquer esforço – e eis aí o segredo de todas as artes. No *Asperges me Domine*, salientou-se a voz de um barítono entoada com a mestria de quem nascera cantando. Voltou a cabeça para trás, para o coro alto, para a pequena orquestra. Finda a missa, foi inteirar-se de quem era aquela música. Era do Mestre Marcos Portugal.

Escreveu uma carta para Vila Rica, dando conta desse dia e da música da Capela. Com uma régua riscou o pentagrama musical. Ali escreveu as notas de um pedaço da música que escutara. Era uma frase do *Dona nobis pacem* da Missa. Agradecia a seu benfeitor tudo o que dele recebera e estava recebendo.

Assinou "Com todo afeto, Joaquim". De caso pensado não indicou sua morada no Rio de Janeiro. Deixava assim. Na próxima carta iria fazer isso. Afinal, dava as notícias prometidas, sem esconder nada. Era um ato de lealdade.

Era uma ignomínia, mas a melhor forma de começar a vida por si mesmo.

II

Foi procurar José Maurício Nunes Garcia. O Padre-Mestre vivia num arrabalde. As moradas eram cobertas de pó, e as pessoas, desgrenhadas, pareciam recém-saídas dos lençóis. A casinhola, de telhas partidas, cercava-se por bananeiras e palmeiras. Ao fundo apareciam algumas arvoretas, talvez limoeiros. Uma criança resmungava, provocando o latido de um cão invisível.

Encontrou o Padre-Mestre no alpendre, em trajes leigos, de chinelos, deitado numa rede. Usava óculos amendoados, azuis. Tal como Joaquim José, tal como quase todas as pessoas do Rio, as feições revelavam sangue mestiço de brancos e negros. Tirava acordes num bandolim. Do cravelhal pendia uma fita com as cores brasileiras.

Um macaco-prego, atado pela cintura a uma coluna do alpendre, comia cascas de laranja. Fitava Joaquim José com desconfiança.

– Boa tarde – disse o Padre-Mestre, ao perceber o visitante no portão. – Entre e sente-se. Aqui, num desses banquinhos. Isso. Fique cômodo. – E seguiu tocando, repetindo várias vezes a mesma passagem. Como tivesse um cigarro entre os dentes, a fumaça atingia seus olhos, obrigando-o a fechá-los e abri-los. Gritou para dentro da casa, pedindo seu livro de solfas. Apareceu um homem jovem, forte, cor de azeitona madura e entregou-lhe um livro encadernado e um lápis. O Padre-Mestre apresentou-o: – Este é o meu filho mais velho, José Maurício. Tem o meu nome. E você quem é?

– Joaquim José de Mendanha. Sou de Itabira do Campo, nas Minas Gerais.

– Músico, decerto. Todos os mineiros são bons músicos e boas pessoas. – Jogou fora o toco do cigarro. O macaco seguiu com os olhos a parábola que fez o toco até cair entre as bananeiras. – E decerto quer emprego na Capela Imperial. Perca as esperanças. No tempo do rei velho, no tempo em que ainda era Capela Real, eu era Mestre de Música lá. Perdi meu emprego para um músico português e nunca mais o recuperei. Hoje mal obtenho para mim. Por sorte meus filhos me ajudam. Eu faço meus próprios chinelos.

Aquela trivialidade espantou Joaquim José.

– Só queria conhecer Vosmecê. E, quem sabe, ser seu aluno.

– Pois me conheceu. O que achou?

A vontade era dizer como achava raro que um padre tivesse filhos, e que o célebre José Maurício Nunes Garcia tocasse um instrumento tão vulgar, fumando, vivendo numa casa tão pobre e fabricando seus próprios calçados. Apenas conseguiu dizer que o Padre-Mestre tocava muito bem o bandolim.

– Ora, qualquer um toca. – E José Maurício abriu o livro, molhou com a língua a ponta do lápis. – Preciso anotar logo as músicas que componho, para não me esquecer. – Apoiando o livro sobre os joelhos, escrevia algumas notas no papel pautado. – Antes, minha memória era muito melhor. – Pegou o bandolim. – Ouça, é uma modinha. O autor da letra é esse meu filho. – Cantou: – *A paixão que sinto em mim como a neve principia...* – Tinha uma voz quente e bem pronunciada. – *Amizade não, não é.... É amor, quem tal diria?*

Os cabelos de José Maurício começavam a ficar brancos. Apresentava grandes entradas na testa. Não se parecia com ninguém.

Devolveu o livro ao filho e veio sentar-se ao lado de Joaquim José. Pousou o bandolim de encontro à parede. Exalava um forte cheiro de tabaco e suor.

Falaram-se, beberam vários copos de limonada.

José Maurício levou-o para dentro, sentou-o frente a uma antiquada espineta de duas oitavas e meia. Como Joaquim José dissera que gostava de improvisar, José Maurício assobiou o tema da modinha que estivera compondo e pediu-lhe algumas variações. Tirou os óculos. Pensava.

Joaquim José saiu-se como pôde, adaptando-se ao pequeno teclado. Tocou quatro variações. Utilizou diferentes tonalidades e compassos. A cada vez que concluía uma delas, olhava para o Padre-Mestre, que com um gesto o incentivava a criar mais uma. Quando Joaquim José quis dar a entender que seria a última, o Padre-Mestre disse-lhe que não, que tocasse outra.

Joaquim José pôs nessa quinta variação todo o seu saber e sua arte, inventando modulações que pareciam não ter fim. A espineta ganhava uma insuspeita vida. Concluiu as variações com acordes cheios e arpejados, como um *Finale* executado por uma orquestra.

O Padre-Mestre olhava-o. Repôs os óculos.

– Você é melhor músico do que eu pensava. Posso aceitá-lo como aluno de composição e instrumentação. Saber compor sem saber instrumentar é o mesmo que não saber nada. Pague como puder, e se não puder, não pague. Mas afaste-se dos músicos da Corte.

– Nem tenho condições para isso.

– Melhor. Talento tinha um, só: Marcos Portugal, o mesmo de quem você me disse haver escutado a Missa.

Seguiu: "Tiraram-me o cargo de Mestre da Capela Real e deram a ele, alegando que o cargo não poderia ser ocupado por um mulato. Mas, coitado, hoje está pior do que eu. Perdeu todos os postos, ficou paralítico e vive de favor. *Sic transit gloria mundi*. Artistas deveriam morrer jovens e com saúde".

III

Se o Padre-Mestre exigira de Joaquim José tantas variações sobre a modinha é porque estava pensando. E assim pensava:

"A vida nunca é a mesma. Ou melhor, é sempre a mesma, mas comporta mil feições. A vida é um tema que nos é dado por Nosso Senhor Jesus Cristo. Cada qual, segundo suas habilidades, encarrega-se de elaborar as variações. Por isso é que há os insensíveis e os artistas, os debochados e os virtuosos, os dóceis e os irascíveis.

"Mas alguns têm mais talento que os outros. Não sou modesto a ponto de negar. E agora prestemos atenção redobrada ao que este jovem está tocando. Essas variações tomam um rumo original."

IV

As aulas eram no palco do Teatro de São João, que dispunha de um desafinado piano. Nunca encontraram um afinador decente. O Teatro era cercado por palmeiras. Foi assim que Joaquim José conheceu esse instrumento de volume assustador que podia tocar também com suavidade. Até então conhecia apenas os sons uniformes dos órgãos, cravos e espinetas.

Para José Maurício, era uma secreta alegria dar aulas no São João, território outrora dominado por Marcos Portugal. Ele se alegrava pelos seis filhos que Deus lhe dera e que o serviam ao limpar o teclado do piano, ao abrir as partituras, ao dar-lhe um copo de água. E a todos transformava em músicos para louvarem as obras do Senhor. Era uma pequena corte. Tinha o hábito de carregar o imenso guarda-chuva e fora de casa estava sempre de sotaina negra.

"Haydn." Quando escutou esse nome, e os lábios de José Maurício tinham uma reverência quase divina, Joaquim José pensou em várias coisas. Pensou num *Laudate Dominum* certa vez escutado em Vila Rica: *Laudate Dominum omnes gentes, Laudate eum omnes populi*. Na época, preocupara-se com as modulações curiosas, com as mudanças de registro que o autor impunha à orquestra e depois o esquecera.

– Haydn é admirável – eis o adjetivo que José Maurício Nunes Garcia usou. Falava:

"Foi Segismund Neukomm quem me revelou a música de Mozart e de Haydn. Segismund Neukomm escutou-me tocar logo no primeiro dia em que desembarcou no Rio de Janeiro. Foi no Paço. Quando terminei, ele declarou ao rei velho que eu era o maior improvisador e acompanhador que ele já conhecera. Segismund Neukomm, o discípulo mais querido de Haydn, o professor dos filhos de Mozart, disse isso. Durante os anos em que ficou no Brasil, ele repetia isso a quem quisesse ouvir. Ele estava enganado. Neukomm foi meu amigo. Ele exagerava: não sou o melhor improvisador, sou apenas o suficiente para o nosso país.

"Saiba você Joaquim José: eu fui o regente da primeira apresentação nas Américas do Réquiem de Wolfgang Amadeus Mozart." – Ele dizia "Wolfegango", como todos.

"Esse é meu grande orgulho. Marcos Portugal detestava música alemã, e para além de suas composições, só autorizava a música italiana. Ele possuía muito poder e muito talento."

José Maurício tocou ao piano a abertura do oratório *A Criação*.

– Um oratório é o mesmo que uma cantata, só que de natureza religiosa.

Joaquim José escutou isso, "cantata". Lembrou-se do livro de música do organista de São Francisco, no qual leu pela primeira vez a palavra.

– O que acha? – dizia José Maurício. – A obra é para orquestra, solistas, coral, mas esta é uma versão para piano que fez o próprio Neukomm. – E explicou que a desafinação não era do piano, ela simbolizava a narrativa do caos que existia antes de o mundo ser criado por Deus. Era uma desafinação que depois teria fim com a suprema harmonia do Universo e que vigorava em todo o oratório. Toda dissonância era uma preparação para a harmonia.

"Toda dissonância é uma preparação para a harmonia" – memorizou Joaquim José.

O Padre-Mestre declarou que gostava muito de Haydn, mas também de Mozart. Como Joaquim José não dissesse nada, José Maurício pediu-lhe que viesse sentar a seu lado, para tocarem juntos.

Era uma tarde de sol. Ardiam as matas dos arredores do Rio de Janeiro. O cheiro acre da fumaça penetrava pelas janelas e incendiava os pulmões. José Maurício abriu *A Criação* pelo meio: *Vollendet ist das grosse Werk*.

– "Acabada está a gloriosa Obra." Neukomm me traduziu toda a letra. Depois de cantar a criação do mundo e do homem, Haydn mostra Deus contemplando Sua gloriosa Obra. Toque comigo.

Joaquim José olhou em diagonal a partitura. Preparou-se. O primeiro acorde, saindo de suas mãos, espantou-o. Soltou as mãos do teclado. O som era multiplicado por mil cordas.

– Não tenha medo, meu jovem. Toque a parte dos solistas e do coral.

O Padre-Mestre fazia a parte da orquestra. De início não se acertavam: José Maurício, mais ágil, impunha um tempo difícil de ser acompanhado. Logo deu-se conta e conteve-se. Agora, sim, tocavam no mesmo andamento. E a música revelava toda a alegria do Senhor pela criação do mundo e o canto de agradecimento de todas as criaturas. Joaquim José jamais pensara em como a música poderia expressar tanta beleza.

– E isso não é nada – disse José Maurício depois do coral. – Toquemos aqui. O poema diz: "Entre as nuvens rosadas aparece, acordada por doces melodias, a bela e jovem manhã. Da abóbada celeste difunde-se uma pura harmonia sobre a Terra."

Essa, sim, era a mais bela música que um ser humano poderia ter composto. Tudo o que Joaquim José tocara até agora era apenas uma sombra dessa arte superior.

Ao chegarem ao fim ele olhava para fora. Havia um sorriso perdido detrás de suas lágrimas. A fumaça tinha baixado e apareciam as montanhas e as nuvens. As gloriosas Obras do Senhor. Assim não era difícil acreditar que Ele existia.

José Maurício fechou a partitura. Iriam agora executar alguma coisa mais modesta, "para apagar a impressão". E abriu na estante um livro pesado, com música manuscrita:

– Toquemos.

Era um cerimonial de missa. Joaquim José contemplou o Kyrie e ouviu a música com os olhos.

– É bastante boa. Mas – intrigava-se – quem é o autor?

– Eu mesmo.

Joaquim José arrependeu-se de dizer apenas "é bastante boa". O Padre-Mestre não parecia incomodado. Era música com muitos lamentos, mas com uma pertinaz esperança. Era uma bela música. Joaquim José notou algo:

– Copiou mal, quem copiou essa sua música. Há alguns erros.

– Não é cópia. Essa partitura é toda escrita pela minha mão.

Tocaram até o final. Joaquim José atreveu-se a perguntar ao Padre-Mestre se não iria corrigir os "erros involuntários".

– Não são erros involuntários.

Joaquim José nada mais perguntou. Mais adiante entenderia, pelas próprias palavras do Padre-Mestre.

V

"Compor e instrumentar, meu Joaquim José, são artes para as quais não basta saber música. É preciso conhecer a natureza de cada instrumento e a natureza da voz humana. As trompas são lamentos de agonia em meio a um bosque noturno. Os oboés lembram campos ao amanhecer. Os violoncelos são nobres em sua tristeza. As rabecas prestam-se a qualquer emoção, da alegria ao luto. É preciso conhecer bem a extensão da voz humana, para não exigir dela mais do que pode dar.

"Quem assiste a um concerto não adivinha o esforço que existe ali por detrás. Orquestrar qualquer música é saber desprendê-la das teclas do piano, dando a ela uma vida à parte. E completa."

– Se quiser ser um bom instrumentador você precisa desprender a música do teclado. Com seu ouvido absoluto, não será difícil – assim concluía o Padre-Mestre, que já havia percebido essa singularidade de seu aluno.

VI

Por esse tempo Joaquim José tomou-se de amores por uma costureira francesa, modista de óperas no Teatro de São João. Ela possuía uma beleza rara e branca. Seu hálito tinha o perfume de um prado ao amanhecer. Vivia numa casa encardida e cheia de goteiras. Havia panelas pelo chão, para aparar a água. A fachada, com apenas uma porta e uma janela, emendava-se numa fileira de casas, todas iguais. Só as cores variavam.

Ele gostava de vê-la trabalhar, o rosto concentrado nas suas agulhas. Seu perfil pequeno poderia caber no côvado da mão. A casinha cheirava a goma e tecidos.

Amava-a ao anoitecer, depois que ela, muito alegre como um sabiá, ia à janela, olhava para os dois lados e fechava os tampos. Chamava-se Adelaïde, que era o nome de sua mãe, de sua avó e de todas as mulheres da família.

Adelaïde jogava-se sobre ele e desfazia-lhe a gravata, abria-lhe os botões da camisa e sempre dizia "Meu brasileiro adorado". Sua voz era aguda como o som de uma bigorna de ferreiro.

Esse ritual durou uma estação de chuvas. Tinham de mudar as panelas de lugar a toda hora.

VII

Joaquim José escreveu outra carta para Vila Rica.

Pensou muito antes de escrever e foi com intenção que o fez. Precisava não só desprender-se de Bento Arruda Bulcão, mas queria dar razões para que Bento Arruda Bulcão esquecesse dele. Aqueles ensinamentos na prisão do solar, aqueles ambientes obscuros e duvidosos, recendentes a velórios, nada possuía a máscula luminosidade do que lhe dizia o Padre-Mestre.

Era agradecido a Bento Arruda Bulcão, mas poderia levar a existência sem ele.

Contou sobre Adelaïde e de como estava apaixonado, atrevendo-se a dizer que nunca mais iria viver sem mulheres em sua vida. Louvou os ensinamentos do Padre-Mestre. José Maurício sabia ensinar muito mais do que qualquer pessoa que ele tivesse conhecido. Esses ensinamentos faziam com que ele, Joaquim José, tivesse de aprender de novo tudo o que aprendera em Itabira do Campo e Vila Rica. Fazia grandes progressos. Aprendera que improvisar é bom, mas é preciso escrever tudo no pentagrama. Ele só tocava as músicas aprovadas pelo Padre-Mestre. O Rio de Janeiro era, de longe, o melhor lugar do mundo. Talvez ele demorasse muito a voltar. Gastara todo o dinheiro, mas agora não dependia de ninguém. Tocava em casas de tavolagem e de mulheres, tal como em Itabira do Campo.

Assinou "o seu Joaquim José".

Só depois de entregar a carta ao homem dos Correios é que se deu conta de que, de novo, não escrevera seu endereço. Melhor assim.

VIII

Ele penetrava nos mistérios da composição e da instrumentação.

Adelaïde preferia as canções de amor, que Joaquim José não se fartava de inventar à viola. Os vizinhos chegavam-se à janela para escutar. Vez houve em que ele saiu à rua e, sentado numa cadeira cujo encosto apoiava-se à parede, cantava segundo o pedido que lhe faziam. Os temas eram sempre de amor, e ele acrescentava os nomes adequados aos pedidos. Todos pensavam que aquela composição era única. Adelaïde tirava-lhe o chapéu e corria-o entre os ouvintes. Cada qual dava segundo o que podia. Sempre aparecia uma botelha de cachaça por ali e Joaquim José descobria os prazeres da bebida.

Quando o Padre-Mestre ficou sabendo desses deboches, mandou que Joaquim José escolhesse "entre a música e a malandragem." Foi o corretivo necessário. Seu aluno estava a ponto de desviar-se da vocação para a qual fora chamado por Nosso Senhor.

Mesmo assim, depois de um tempo, Joaquim José enamorava-se de outra mulher. Esta exigia-lhe dinheiro e ele a abandonou.

IX

"Você me perguntou quem era Mestre Marcos Portugal, eu respondo: ele não estava no meio de toda aquela gente que debandou para o Brasil com o rei velho e sua corte. Ficou em Lisboa. No Teatro de São Carlos homenageou com sua música o aniversário de Napoleão Bonaparte. Deus julgará se foi traição. Depois Marcos Portugal veio para cá e trouxe músicos com ele. Toda a gente perdoou a homenagem a Napoleão e ele aos poucos ocupou os únicos postos musicais do Rio de Janeiro. Deus sabe o que faz. De qualquer forma ele era melhor músico do que eu. Só podia ser. Vinha da Europa."

José Maurício não contou o acontecido numa tarde de domingo quando foi chamado por Marcos Portugal, recém-chegado. José Maurício ainda era Mestre de Música da Capela Real. Já se conheciam.

Entre os dois músicos ocorreu um diálogo. Marcos Portugal repreendeu-o a respeito da missa daquela manhã, na Capela Real. Como tivera a ousadia de reger composição própria, justo quando se celebrava o onomástico de uma das princesas? Deveria ter escolhido música mais adequada, de um grande compositor.

– É uma composição muito sincera, Mestre Portugal.

Marcos Portugal perguntou o que era uma "composição sincera". O Credo da Missa lembrava uma modinha, que ficava bem em outros ambientes. E a missa toda estava cheia de erros de contraponto. Exigiu que lhe trouxesse, no dia seguinte, a partitura completa. Queria vê-la.

Essa, a pior noite do Padre-Mestre. Sentado à mesa de trabalho, ele folheava sua partitura. Obedecera a todas as regras da composição. Mesmo nas modulações difíceis nenhum princípio fora quebrado. "Não fosse incidir em pecado, eu diria que esta é uma obra perfeita."

Aconteceu algo, uma decisão que iria mudar para sempre o modo de José Maurício encarar seu ofício e que mudou sua vida e a vida dos outros músicos depois dele. Uma coisa odiosa aconteceu.

Aos santos são destinadas revelações santíssimas, que os salvam e os exaltam. A instantânea revelação feita a José Maurício, ao contrário, condenou-o: a José Maurício, num instante de lucidez, revelou-se seu exato lugar na ordem do mundo.

Soube o que deveria fazer.

Reanimou a luz da candeia, aparou três penas, abriu o tinteiro, abriu um caderno de folhas pautadas de música. Molhou a pena no tinteiro. Deixou que escorresse o excesso pela borda interna. Então começou a copiar seu próprio Credo. E seu talento, que compunha missas artísticas, que compunha ofícios de mortos, serenatas, canções, graduais, ladainhas e até óperas, seu talento, naquela noite e em todas as outras noites, esqueceu de si mesmo. Enquanto copiava, escrevia equívocos de harmonia. Cuidou em não fazer erros elementares e, sim, erros sutis de quem tem estudo.

Ao pensar na acusação de escrever modinhas para um ritual da igreja, considerou suas frases melódicas. Cantarolava-as. Procurou vestígios de modinhas. Ele não sabia, morreu sem o saber: as modinhas estavam em inúmeras passagens do tenor e da soprano. Tentou descobri-las, mas esse gênero de música estava tão entranhado em seu estro que foi um trabalho inútil. Como solução adulterou todas as frases musicais que achou mais interessantes e belas. Abastardou-as de tal maneira que se tornaram irreconhecíveis, podendo ser assinadas por qualquer um.

Gastou as três penas e meio tinteiro. Quando escutava os primeiros ruídos do amanhecer, ele sabia: manter seu Credo intacto era arrogância em que não poderia incidir. Curvava-se à vontade de Deus, que agira pela boca de Marcos Portugal e pela inspiração às avessas do Espírito Santo.

Com a face desfeita, encontrou-se com Marcos Portugal. Entregou-lhe em silêncio a partitura. Mestre Portugal leu-a.

– Sim, como eu pensava – disse. Ele tinha um sorriso turvo. Virou a página final. – Meu ouvido não me enganou. Terei de tomar providências junto a Sua Majestade.

Em duas semanas, foi nomeado para o posto de Mestre de Música da Capela Real. O Padre-Mestre José Maurício Nunes Garcia, este, passou a dedicar-se apenas a seus alunos. Sua música nunca mais foi a mesma. Alguns até gostaram.

Isso tudo ele não contou a Joaquim José, mas nós sabemos.

X

Bento Arruda Bulcão chegou à porta de sua sala. Tinha no bolso a segunda carta de Joaquim José.

Olhou para o cravo. Estava vestido para sair, espairecer.

De mãos nas costas subiu a ladeira e foi até a praça. Ficou mirando a Casa da Câmara. Por primeira vez a visão daquele sólido palácio o perturbou.

Deu meia-volta, cumprido seu dever com o mundo e com a vida. Saudou algumas pessoas, levando dois dedos à aba do chapéu de feltro.

No mesmo dia, experimentou alguns acordes ao cravo. O som foi abafado pelas cortinas, perdendo-se em meio às peças de suas coleções. Aquilo não lhe dizia nada. Levantou-se, olhou para o medalhão do tampo: Orfeu, o eterno amante, amparava para sempre o corpo de Eurídice entre os braços. O corpo de Eurídice não se corrompia: imobilizado no instante da morte, era para sempre belo, ostentando a duvidosa beleza das pessoas mortas.

Era uma injustiça dos céus tudo o que padecera desde que passara a viver só, desde aquela grotesca devolução da mulher à casa dos sogros; desde que Quincazé se fora para o Rio de Janeiro, de onde, apaixonado por uma mulher e seduzido pelo Padre-Mestre, não queria mais voltar. E onde se perdia, o menino? Mandara-o para estudar com o Padre-Mestre e não para transformar-se em seu escravo.

Ao sair da sala, ele sentiu um gelo no peito.

Voltou-se.

Quincazé estava ao cravo, as mãos sobre o teclado. O perfil bonito e atento iluminava-se por certa luz do alto.

Começou a escutar a música vinda das mãos de Quincazé. Era uma sarabanda tensa de luxúria. As notas galgavam as pautas com a languidez de felinos. Um tremor percorreu o corpo de Bento Arruda Bulcão.

Quincazé parou a sarabanda. Voltou-lhe a cabeça. Estava muito quieto e respeitoso.

Quando Bento Arruda Bulcão tentou aproximar-se, o espectro desvaneceu-se. Restara o cravo em seu silêncio.

Bento Arruda Bulcão encaminhou-se para a cama. Era muito tarde. Seus olhos vagavam pelas paredes.

Dormiu como quem despenha num sorvedouro.

XI

O Padre-Mestre José Maurício Nunes Garcia tirou as mãos do teclado, deixando-as caídas sobre os joelhos. Respondia a uma pergunta de Joaquim José.

"Não. A cantata não é apenas um poema a que se põe música. A cantata é a consagração suprema de um músico-compositor. Não se pratica mais porque as pessoas hoje em dia só querem escutar frivolidades. Foi o Doutor Silva Alvarenga, aquele que foi preso, quem me deu um poema para pôr em música. O título era 'Olhai, cidadãos do mundo'. Do que trata, o poema? É sobre o Brasil. Nunca cheguei a escrever a música. E agora passou a minha época. Imaginei com um coral a quatro vozes, soprano, contralto, tenor e barítono."

– Um coral a quatro vozes, soprano, contralto, tenor e barítono – Joaquim José repetia, mas estava mais impressionado com a palavra "cidadãos". Em Vila Rica, Bento Arruda Bulcão falara nisso. Só os cidadãos eram livres.

"Sim, meu jovem. E uma pequena orquestra de doze músicos. Quer dizer: uma coisa bem simples. O poema, me explicou o Doutor Silva Alvarenga, era muito político. Nunca entendi de política. Eu era muito amigo do Doutor. Foi ele quem me ensinou Humanidades e a ler o latim e o francês. Eu nunca entendi por que um dia vieram prender aquele homem. Sou um músico. Nenhum músico deve entender de política. Na minha humildade, pretendo louvar a Deus e aos Santos. O poema, você me pergunta. Costumo agora me perder nos parênteses que eu mesmo invento. Quanto mais velho o homem, mais parênteses usa nas conversas. É porque os velhos muito sabem. Ou porque ficam tacanhos.

"É um poema grande. Do que me lembro, fala em como nosso Império é belo, descreve o rumor das cachoeiras, o pio dos pássaros e toda a saudade dos negros e dos índios. E que um dia vamos ser a maior nação do mundo. Se eu procurar nos meus guardados, posso encontrar. Acho que depois desse tempo em que você não me paga e eu lhe ensino, você teria arte suficiente para escrevê-la. Mas ainda não chegou a hora."

"Por mim já chegou", pensou Joaquim José, completando uma idéia que estava a elaborar enquanto escutava o Padre-Mestre.

XII

Ao contrário do que dizia José Maurício, um músico com um violão sempre achava o que fazer no Rio de Janeiro. E se tocasse rabeca, ainda melhor. Com o violão, Joaquim José podia juntar-se a outros e tocar em bailes e bordéis. Com a rabeca podia tocar em casamentos dos membros da Irmandade de São Bendito. Nos casamentos acompanhava-se pelo órgão. Ganhava para manter-se com vida.

Nos horários vadios subia para a camarinha que alugara à Rua do Ouvidor, cujo teto ficava a um palmo de sua cabeça. Os miolos coziam nas tardes de sol. Uma pequena clarabóia, entretanto, deixava entrar a brisa marítima. Resolvia um por um os exercícios que José Maurício lhe passava. Quase sempre conseguia, e com brilho. Estudava todas as partituras que o Padre-Mestre lhe emprestava. Economizando, comprou na casa A Austríaca duas óperas de Rossini. Um dia conseguiu levar para casa o *Gradus ad Parnassum – Traité de composition musicale* de Johann Joseph Fux. Antes de abri-lo, o moço da loja veio entregar-lhe a partitura do oratório *A Criação* de Haydn. O proprietário mandara dizer para ele pagar como pudesse, de qualquer forma ninguém iria comprar aquilo.

Naquela noite não dormiu. O poema era em alemão e ele, pelo nada que sabia, lembrava-se de algumas palavras. A música, porém, entregava-se à perícia do seu conhecimento. Haydn realizava tudo o que ele pensava. Sabia que os professores mais afetados detestavam música descritiva, mas, ao ver de Joaquim José, era a que melhor conseguia fazer um elo entre o divino e o humano.

Uma tarde pôs o ponto final numa peça a que chamou de *Abertura*, instrumentada para uma grande orquestra.

José Maurício olhou para aquilo, leu a partitura. O aluno esperava.

– Bela – disse o Padre-Mestre. – Tem o que precisa para ser música: melodia, ritmo e harmonia. É mesmo bela. Me comove a alma. – José Maurício devolveu a partitura. – Mas você não pode escrever aquilo que lê em Haydn. Se deseja ser compositor no Brasil, domine o seu talento. Nunca produziremos um novo Haydn. – O Padre-Mestre caminhou até o piano, soou um acorde em tom menor. – Asseguro, como homem de Deus e como artista, que você é o compositor mais completo que conheci. É estupendo o que você compôs. – O Padre-Mestre saiu do piano e pôs ambas as mãos nos ombros de Joaquim José. Olhava-o:

– Mas não é para nós. Entendeu?

Quando eram onze da noite, Joaquim José tinha a testa afagada por uma cafuza de longos cabelos crespos e aspirava em sonhos aquele perfume de sabão de lavanda misturado a chouriço e banha. Ela tentava acordá-lo. Ele precisava descer para tocar, estavam esperando. Joaquim José abriu os olhos e viu a mulher sobre si. Afastou-a, saiu da cama, vestiu-se como pôde, pegou o violão. Apareceu no patamar da escada e olhou para baixo. Ao redor de uma grande mesa, os homens gargalhavam, bebiam e se diziam bandalheiras enquanto eram servidos por mulheres com os seios ao léu. "São estes a quem devo tocar."

Disse, bem alto:

– Brasileiros, vou tocar para vocês.

Olharam-no surpresos e, depois, divertidos. Joaquim José suspirou fundo, desceu os degraus.

XIII

– Por que esse medo, Joaquim José? É aqui. Vamos bater à porta. – Chovia muito. José Maurício segurava aberto o seu guarda-chuva negro. Era na residência da Marquesa de Aguiar. Anoitecia. O morro do Corcovado toldava-se de névoas rápidas, impedindo a visão da mata. A Marquesa não estava em casa. Dada a pouca qualidade dos visitantes, o criado julgou desnecessário acender os candelabros e trouxe um lampião fumarento, largando-o sobre a mesa.

Recostado num canapé de palhinha, ali estava o protegido da Marquesa. Marcos Portugal olhava para a janela. Seus pensamentos estavam distantes, se é que poderiam significar pensamentos aqueles breves e convulsivos esgares. Sua respiração era tão débil que pouco movimentava o peito côncavo. Na lapela do robe muito gasto pregava-se um botão da Ordem de Cristo, quase a ponto de cair. Os dois visitantes perceberam manchas no tecido.

José Maurício chegou mais perto. Murmurou, com deferência:

– Mestre.

Marcos Portugal moveu o rosto. Os olhos procuraram ver, mas não se detiveram em José Maurício, fixando-se na chama do lampião. Era como se estivesse sozinho, só ele e sua miséria, só ele e sua música. Ficou assim um tempo. Depois desceu o olhar sobre seu próprio corpo, fixando-se na mão direita, pousada no braço do canapé. Houve um breve movimento dos dedos. Eles lutavam para sair de seu cárcere. Marcos Portugal olhava para seus dedos. Do movimento deles dependia, agora, toda sua vida. Os dedos não se desprendiam da madeira. Os olhos de Marcos Portugal ficaram úmidos. No rosto apenas alterado pelas contrações involuntárias, não era possível descobrir os passados humores do Mestre, se fora ardiloso e oportunista ou apenas uma vítima de sua própria natureza. Não se via nada.

O relógio marcava os segundos.

Os lábios moveram-se. José Maurício aproximou o ouvido. Esperou. E Marcos Portugal deixou pender a cabeça. Uma lágrima deslizou pelo rosto, provocando uma estrela de luz.

José Maurício pôs o dedo frente aos lábios e com um gesto convidou Joaquim José para saírem dali.

– Lembre-me de rezar uma missa por Mestre Marcos Portugal – ele disse quando estavam na rua.

Cessara de chover e mesmo assim o Padre-Mestre abriu o guarda-chuva.

Dentro do solar, o criado veio recolher o lampião. Olhou distraído para o hóspede da Marquesa. Pegou um lenço e limpou o fio de baba que escorria dos lábios do antigo Mestre de Música da Capela Real.

XIV

No salão em Vila Rica o cravo recebe de viés a frágil luz da madrugada. O tampo do instrumento está fechado. Sobre o tampo está o vaso negro e dourado, de Sèvres. Ali dentro do cravo, na sombra e na invisibilidade, no aroma nobre da madeira, Orfeu soluça a morte de sua adorada amante. O cravo está mudo, alheio ao século, alheio à dor, alheio ao pesar que consome todas as coisas da casa.

No correr dos minutos, a claridade aos poucos se expande, preenchendo os espaços do salão, fazendo brilhar uma época pretérita de louças, pratarias e músicas. A luz reverbera no branco de um lírio que São José tem na mão.

A luz, já ofuscante, estende-se por todo o aposento.

O sol aquece a madeira do cravo e faz dilatar o cepo em que se prendem as cordas, retesando-as.

Uma delas está a ponto de soltar-se do plectro de marfim que a prende. Mais um pouco de calor e a corda irá libertar-se.

É inevitável.

Enfim: solta-se. Ouve-se um miraculoso Sol.

A nota esvoaça pelos corredores como um fantasma e ressoa até perder-se nas alcovas, recâmaras, saletas, sótão e porões daquele imenso solar.

Na cama de dossel, no quarto principal, alguém abre os olhos tensos de horror e fica à espera.

Nada mais escuta. As pálpebras voltam a cerrar-se.

E o silêncio, marcado pelo mecanismo regular da pêndula francesa, retoma seu tempo.

XV

Ele estava sentado à sombra, no degrau da igreja do Carmo. O calor subia do empedramento da Rua Direita e formava zonas oscilantes de cores e formatos. O suor escorria pelas costas, encharcando a camisa. Deteve o olhar num escravo que vendia fumo em rolo. O escravo tinha uma obstinação serena, como se soubesse que mais cedo ou mais tarde venderia todo seu tabuleiro. Tanta gente por ali, gente que vendia doces. As viaturas levantavam o pó que ia cair sobre os delicados véus de cambraia que protegiam as cestas com os doces, ia cair sobre essa humanidade tão precária e instável. Benziam-se ao passarem em frente à igreja.

Ele imaginava uma linha melódica, uma lenta introdução de sinfonia à maneira de Haydn. Assobiava-a. Tinha boa memória musical. O compasso era de quatro semínimas, numa armadura de Sol maior. Algo simples. José Maurício iria gostar.

E um clarim soou, correu uma agitação, o vendedor de fumo levantou-se, todos levantaram-se. Tiraram os chapéus. Fizeram um grande vazio no meio da rua. Num gesto automático, Joaquim José ergueu-se também. Olhavam para a esquerda. Pelo meio da rua vinha um tropel de cavalos arreados com luxo. Joaquim José olhou também. As ferraduras faiscavam nas pedras. Logo após, num isolamento aristocrático, cavalgava um jovem cor de cera e cabelos dourados. Sua débil aparência contrastava com a força dramática aplicada para submeter a montaria.

Porque todos faziam, Joaquim José tirou o chapéu e pôs um joelho em terra, baixou a cabeça. Com o canto do olho via o jovem cruzar à sua frente. E não sabia quando se levantar.

– Pronto, homem, levante-se. – Voltou-se. Era o Padre-Mestre, o guarda-chuva aberto ao sol. – Mesmo futuros monarcas não devem ser tão adorados.

Joaquim José limpou o pó do joelho. Saudou o Padre-Mestre. A vida retomava seu curso mesquinho e triste. O escravo voltava a sentar-se à sua parede, junto a seu tabuleiro.

– Acompanhe-me até São Bento – José Maurício convidou. – Diga-me, em que pensava?

– Em certa música.

O Padre-Mestre travou-o pelo braço.

– Solfeje-a para mim. Mais perto, para que eu possa ouvir bem. – Fechou os olhos. – Bonita. Você está aprendendo. Até me deu uma idéia. Outro dia quero lhe falar de um assunto. Antes de seguirmos, vamos entrar um pouco na igreja.

Em meia hora saíam. Foram pela Rua Direita, sob o imenso guarda-chuva.

XVI

Eis o que acontecera no interior da igreja.

José Maurício levara-o frente a um painel da capela do Noviciado da Ordem Terceira. É toda em dourado e branco, talha de Mestre Valentim, o maior entre os maiores escultores-entalhadores do Rio de Janeiro. Habita um frescor marítimo ali dentro. Os olhos aos poucos se acostumavam à penumbra.

O painel representa a salvação das almas do purgatório pelos anjos de Nossa Senhora do Carmo.

Joaquim José desconcertou-se com o emaranhado de figuras.

– É bonito. Mas não entendo de artes, Padre-Mestre.

– Mas conhece o tamanho de um braço, a volta que faz um manto, a posição da cabeça nos ombros. – E apontou: – Olhe o braço desse anjo.

Era um braço mole, sem ossos, ao qual uma alma se agarrava em desespero. Um braço absurdo de tão longo, contrário a qualquer anatomia.

– É um braço torto – disse Joaquim José.

– Essa pintura foi feita antes da vinda dos artistas franceses, trazidos pelo rei velho. Depois dos artistas franceses nós começamos a pintar direitinho. Essa imperfeição que você está vendo é nossa marca. Os grandes artistas da Europa assinam suas obras. – O Padre-Mestre sorriu. – Nós não precisamos, não é mesmo?

XVII

Haviam almoçado uma angolista de cabidela que o próprio Padre-Mestre preparara. Ele foi buscar os palitos no aparador; em vez de abrir a gaveta em que estava a caixinha, sua mão hesitou. Abriu outra gaveta, a última. Sua mão penetrou naqueles espaços escondidos e de lá tirou umas folhas de papel costuradas.

– Aqui está.

Na primeira folha, em letra cursiva e floreada, Joaquim José leu:

OLHAI, CIDADÃOS DO MUNDO
Por um amador da arte de Calíope.

Lembrou-se de novo de Bento Arruda Bulcão: "Só os cidadãos são livres".

Olhava para o caderno que jazia em meio aos pratos sujos de molho e farelos de pão. O Padre-Mestre fez-lhe um sinal para que o pegasse.

– É seu – disse. – Faça bom uso. Estive pensando no que lhe disse sobre pôr música neste poema. Vamos ver se chegou a hora. Naquele dia, em frente à igreja do Carmo, você lembra? Você me cantarolou certa música. Imaginei que poderia ser o começo da Cantata. Mas comporte-se, não abuse de seu talento.

XVIII

As cartas do pai eram um grande susto. Exigiam-lhe a volta a Itabira do Campo. Que abandonasse tudo. Nessas alturas deveria saber composição de sobra para a Lira. Ademais, precisavam dar satisfações ao Bispo pelo dinheiro que gastara em Vila Rica. Era uma questão de honra da família.

Exasperado, Joaquim José respondeu possuir um caderno de composições esboçadas para a Lira: o Gradual para o Domingo de Ramos, em Fá, o moteto *O vere Christe*, em Dó maior; as oito antífonas para o lava-pés da Quinta-feira Santa, em tonalidades diferentes, e ainda oito Responsórios das Matinas de Natal. Não esqueceu de referir a uma suposta *Lamentações de Jeremias*, que causara aquela repreensão do Bispo.

A seguinte carta do pai continha apenas isso: "Volte, com as músicas ou sem elas".

Mostrou a carta ao Padre-Mestre. José Maurício aconselhou-o a escolher o que fosse mais importante para si, o que era o mesmo que ordenar: fique no Rio de Janeiro. Ele ficou, embora escrevesse ao pai que iria retornar a Itabira do Campo no começo do verão.

XIX

Foi assim que ele trabalhou na cantata.

Iria escrevê-la numa partitura para piano. Depois da aprovação de José Maurício, iria instrumentá-la.

Dividiu o poema em partes que lhe pareceram ter algum sentido comum. Depois do Prelúdio instrumental, viriam duas partes e um *Finale*.

O tema do Prelúdio já estava escolhido. Na verdade, fora escolhido pelo Padre-Mestre.

Lembrava-se bem daquela frase musical. Escreveu-a. Bastava depois instrumentá-la de maneira regular, com a orquestra tocando quase em uníssono. Aqui e ali apareceriam algumas sonoridades dissonantes nas trompas, representando o Brasil antes da Descoberta. Iria trabalhar nisso depois de tudo composto.

A Primeira Parte louvava a natureza, descrevia o vôo das aves no azul perpétuo dos trópicos, o rugido das feras nas florestas, o passo do tamanduá-bandeira, o marulhar das cachoeiras nas penhas, o céu de verão com o Cruzeiro do Sul, o imenso mar que a tudo envolvia. *Ouvi os cantos, as suaves vozes, /Que alegram nossas matas nos silêncios/ Aonde não chegou a voz humana/ Que espante a natureza sossegada.*

Para esta parte, previu um coral com apoio do peso de uma orquestra completa. Às cordas acrescentaria quatro tímpanos, cinco trombones de varas para significar as nuvens, seis clarinetes para os amanheceres na mata, quatro fagotes, seis trompas que soariam como rios, seis flautas. Nenhum solista se destacava, e ficavam reservadas aos instrumentos funções descritivas: um trêmulo dos segundos violinos para o vento que perpassava as asas dos pássaros e as palmeiras, e o fagote para as evoluções cômicas da cauda do tamanduá-bandeira.

Haydn fizera isso em *A Criação*.

A Segunda Parte do poema era dedicada aos povos do Império. Falavam em versos o branco, o negro, o índio, cada qual cantando as qualidades de suas raças. Os versos sobre os negros cantaria a contralto em *andante*: *És ave libertada, és anjo, és tudo / O que eu mais desejava que tu fosses, / Porque menos que a morte não podia /Da própria morte em vida libertar-te.*

"Isso nunca se fez antes, nunca." Era uma mulher no palco, e não para cantar o Kyrie ou o Credo.

Depois era o índio: *Contemplai, da Amazônia, a grã-luxúria / Mais que quantas florestas há no Mundo, / Dos índios sem vergonha das vergonhas / Que inocentes, ainda, estão no Éden.* Isso cantaria o barítono.

Havia em tudo uma beleza que projetava Joaquim José num caminho que iria engrandecê-lo ou aniquilá-lo para sempre.

No *Finale*, a ser cantado de novo pelo coral num impetuoso compasso binário, o poema previa futuro imenso à raça brasileira. A orquestra seria submetida a uma verdadeira explosão de sons. Seria como um hino: *Somos raiz e fruto desta pátria, / Que é nossa filha e mãe, Brasil eterno.*

A platéia iria levantar-se e aplaudir antes dos acordes finais. E seria a platéia do Teatro de São João. Não poderia sonhar com menos.

Passou nisso três semanas. O Padre-Mestre mandava-lhe recados, exigindo-lhe a presença.

Perdia os horários de comer. Arriscava perder a própria vida, errando pelas vielas do Rio de Janeiro à noite, assobiando as passagens mais importantes, ouvindo como ressoavam em espaços abertos.

Estava possuído pela sua cantata. Terminou-a, certo dia. Na folha de rosto escreveu:

> OLHAI, CIDADÃOS DO MUNDO – CANTATA.
> Por Joaquim José de Mendanha.
> Redução para piano, com indicação
> dos instrumentos da partitura completa.

Escrita a cantata, ele precisava tomar a providência de enviar algo para o pai. Sentou-se junto à sua pequena claraboia que dava para o mar. A brisa era quente e aquecia as paredes. Lembrou-se das palavras do 1º Responsório das Matinas de Natal, uma das músicas de que mentira possuir o esboço: *Hodie nobis caelorum Rex de Virgine nasci dignatus est, ut hominem perditum ad caelestia regna revocaret.*

Nunca esteve tão feliz com sua música. Correndo à frente dos dedos que escreviam, a imaginação compôs uma linha melódica suave em compasso pastoral de 6/8, como os anjos que cantavam o nascimento do Salvador. Se pusesse concentração, iria terminar a música a tempo do pai recebê-la antes do Natal. Os correios, naquela altura, eram pouco menos que uma possibilidade.

O dia tornou-se dourado. As nuvens ficaram vermelhas. O ar refrescou. A palmeira frente ao mar dobrou-se à aragem.

Escolhera para o 1º Responsório apenas uma voz solista, com acompanhamento suave da Lira. Pensou nos músicos de que o pai dispunha. Escolhera uma fácil tonalidade de Dó maior. Tudo marchava com alegria. O 8º Responsório terminou com o

Gloria Patri et Filio et Spiritui Sancto entoado em uníssono e fortíssimo pelo coral e pelas cordas com suporte de tímpanos e trompetes.

Ouvia a partitura na aparente anarquia das notas e das pautas toscas, desenhadas com uma régua de madeira. Nesse meio-tempo, acendera o candeeiro. Seus dedos estavam sujos de tinta. Aprontou o trabalho quando as nuvens de ontem estavam de novo coloridas, agora pelo crepúsculo da primeira hora.

Hesitou se assinava o nome. Deixou assim mesmo, seria muita pretensão. Dobrou em duas metades a partitura, colou-as com uma obreia feita num pires de barro. Escreveu o nome do pai, em letra floreada. Depois apenas isso: Itabira do Campo – Província das Minas Gerais.

Fechou a claraboia. Deitou-se com as mãos por detrás da nuca. Sua oferenda musical logo estaria a caminho. Contou as semanas que a carta levaria até chegar a Itabira do Campo. Com sorte, o pai a teria a tempo de ensaiar com a Lira e os solistas.

DA ARTE DA COMPOSIÇÃO MUSICAL: saber compor não é o mesmo que saber esculpir. Michelangelo dizia, ou por modéstia ou por vaidade, que apenas retirava o mármore excedente, libertando a escultura que estava dentro dele. O compositor musical retira as idéias de seu cérebro.

O compositor musical convive com a natureza e os homens. Num determinado momento, sempre novo e inexplicável, uma pequena e desconhecida melodia aflora a seus lábios, e logo ele a está cantarolando.

A isso se pode chamar de inspiração.

O resto é o trabalho de pendurar as notas no pentagrama, escolher a tonalidade, estudar os acordes, obedecer – ou não – às regras da harmonia e do contraponto. Isso, aliás, não é trabalho: é ofício, como o exercido por qualquer escritor.

TRÊS

Depois de se livrar dos jornalistas, o Maestro Mendanha foi para casa. Um anel de ferro, comprimindo suas têmporas, faz com que o solo empedrado perca a estabilidade. Ele arrasta os pés. Ele sabe das dores que o pai sentiu.

Tira a chave do bolso, gira-a na fechadura. Ao entrar, despe o casaco. Vai logo para o aposento a que chama de gabinete. Ali fica o piano.

Ela está imóvel, debruçada sobre a mesa que serve de secretária.

Ele se aproxima e em silêncio entrega-lhe a pasta com as músicas. Há o desejo de um gesto, um desejo que ele sente, o desejo de seu próprio gesto de acariciar-lhe o rosto, mas a dor é maior.

Ela o observa:

– E as dores? Está melhor?

Há uma aflição contraída no rosto do esposo. Uma aflição insuportável. Mas, ao mesmo tempo, há uma promessa de paz.

Ela daria sua vida para que ele continuasse a viver. Ela desvia o olhar para não deixá-lo mais agoniado. Repete a pergunta.

– Não – ela escuta. – Sinto tudo igual ao que meu pai sentiu.

Quando ele sai em direção ao quarto, ela o segue. O esposo levanta o braço, impedindo-a. Há ternura naquele impedimento.

– Faça como pedi. – Há também dor.

Ela sabe que não poderá retrucar. Recua sem lhe dar as costas, para não deixar de vê-lo nem por um segundo. A fim de guardar para si as feições do esposo.

OITO E MEIA DA NOITE

A sombra do pai acompanha o filho, mesmo que esse filho tenha mais de oitenta anos. A morte de um pai é inesquecível. Mesmo que o filho tenha, do pai, a mais remota lembrança.

É natural que um filho esteja atento aos pequenos sintomas que levaram seu pai à morte.

Ele sentirá o mesmo, quando chegar sua hora.

I

Bento Arruda Bulcão foi até o cravo, tirou o vaso de porcelana de Sèvres, tirou a colcha branca de tafetá adamascado e abriu o tampo. Reviu o medalhão gracioso. Eurídice morta. Fixou-se no dístico: *Che farò senza Euridice?*

Pousou seus dedos sobre o teclado, fazendo soar um acorde. Os dedos não alcançavam todas as teclas necessárias, mas em sua imaginação ele escutava o acorde completo.

Apoiou os cotovelos sobre a borda do teclado, baixou a cabeça e conteve a opressão da garganta.

A criada assustou-se, quando veio trazer a luz. Ele ainda estava na mesma posição em que o deixara, fazia meia hora. A noite fria entrava pelas janelas e ela viera fechá-las.

Tentou tirá-lo dali. Recuou, ao escutar:

– Quero ficar só. – Aquela seria a voz de um morto, se os mortos falassem.

II

Adelaïde contava em seu idioma para Mignon Tadelle, também figurinista e modista do Teatro de São João: "Joaquim José era um homem muito estranho. Ele segurou minhas mãos e me disse: 'Adelaïde, Adelaïde, você é a mais bela mulher que conhecerei em toda minha vida. Gosto de seus olhos claros. Gosto de suas mãos finas e brancas. Gosto dos bordados que você faz. Mas hoje é a última noite em que venho aqui'. Quando lhe perguntei a razão, ele me disse que a razão era a música. Eu perguntei-lhe como era possível que a música fosse mais importante que uma pessoa. Ele não me respondeu logo. Pegou a viola que sempre deixava na minha casa, sentou-se e tocou algumas notas. Assim que me disse, me olhando: 'As notas são para sempre, e as mulheres morrem ou traem seus amados'. Ora, nunca ouvi alguém dizer isso, só no teatro. Eu, o que fiz? Arranquei aquela viola dos braços dele e rasguei a sua camisa, tirei-lhe as calças e o levei para a cama. Meia hora depois ele se levantou, calçou os sapatos, pôs o casaco, pôs o chapéu. Antes de ir embora, disse: 'Adelaïde, Adelaïde, você não me acreditou. Mas um dia as mulheres morrem ou traem seus amados. Adeus. Não me espere amanhã nem nunca'. É mesmo um homem estranho. Mas começo a me acostumar a essas coisas. O bom de morar na Corte é que há muitas embaixadas e muitos estrangeiros. Mas os franceses são asquerosos de tão brancos e avarentos. Nenhum foi o amante que eu imaginava. São todos poetas e sempre pensam que estão doentes. Levam lenços sujos nos bolsos e dizem que é por causa da gripe. Os alemães são fortes, mas nunca me dizem 'Eu te amo, Adelaïde'. Tentei amar brasileiros, mas eles são inconstantes, caprichosos, levianos e um pouco ingênuos. Por que será, Mignon, que essas coisas sempre me acontecem? O que você pensa de eu me apaixonar por um turco? Mas os turcos fumam".

III

A última carta que escrevia a Bento Arruda Bulcão era a mais longa, quatro páginas.

Que não estava retido no Rio de Janeiro nem por causa de mulheres, nem pela figura admirável de José Maurício, por quem tinha altíssima estima, considerando-o um pai. O Padre-Mestre ensinava-lhe não apenas a compor, mas ensinava como se deve viver. Ficava no Rio porque compunha uma cantata. Tinha idéia de representá-la no Teatro de São João. Gastou duas páginas para explicá-la.

Que precisava, agora, de mais tempo para compô-la. Precisava ficar no Rio de Janeiro. Pelo menos um ano ou dois. Se encontrasse emprego fixo, talvez nunca mais voltasse. Seria, contudo, sempre reconhecido a seu benfeitor. Desejava-lhe sorte e felicidade.

"Joaquim José de Mendanha" – assinou o nome por inteiro.

Como dessa vez não se prometera nada, entregou a carta ao homem dos Correios sem designação do remetente. Ela deslizou para dentro do saco das correspondências.

O homem pegou o saco e o jogou sobre outros, amontoados a um canto. O saco escorregou, tombando no chão. O homem, dizendo uma indecência, recolocou-o no cimo da pilha. Como caísse de novo, ele assim o deixou. O ajudante largou outro saco por cima, sepultando-o.

Tudo isso foi visto por Joaquim José.

Ao pisar na rua, quis voltar. Voltou. O homem dos Correio respondeu-lhe que não iria abrir o saco sob nenhuma hipótese e que o deixasse trabalhar.

– Como queira – disse Joaquim José. – O senhor está certo. Imagine se todos quisessem reaver suas cartas. Isto virava uma desordem. – Repôs o chapéu.

À porta, viu: abria-se um espaço entre as nuvens. Dali vinha um belo sol, quente e brilhante.

IV

Quando entregou a partitura ao Padre-Mestre, não pensava na reação. E esta veio: uma saraivada de palavras que qualquer um confundiria com insultos e que na verdade eram conselhos paternais dados em voz alterada. Que ele, Joaquim José de Mendanha, não quisera ouvir as palavras de quem não tinha melhor capacidade, mas era mais velho e experiente. De novo insistira em escrever coisas impossíveis de serem executadas e, pior, de serem entendidas. Que não iria chegar a lugar algum daquele jeito pretensioso. Deixara-se dominar por seu talento, incidira em pecado.

– Reescreva tudo. Você quer ensurdecer os ouvintes? Tire a confusão dessa orquestra que não existe no nosso país. E tire fora esse ridículo dos instrumentos fingindo que são bichos.

– Padre-Mestre, o próprio Haydn escreveu assim.

– Haydn é Haydn, o Sublime, e você é Joaquim José de Mendanha, brasileiro das Minas Gerais. Posso até escutar os risos da platéia. E como explica uma contralto cantando? Uma mulher cantando a raça negra. Isso é escandaloso. Em vez de emoção, você irá provocar risos de deboche. Reescreva. E depois me traga para que eu aprove.

Joaquim José nunca imaginara que o Padre-Mestre fosse capaz de tanta fúria. O impulso imediato foi de recolher a partitura, responder no mesmo tom e desligar-se para sempre da tutela do Padre-Mestre. Doíam-lhe as têmporas. Respirava a curtos intervalos.

Precisava controlar-se. Precisava.

A irritação foi-se transformando em pausado raciocínio. Não podia perder os ensinamentos e, mais, a amizade e o amor de José Maurício.

– Pois não, Padre-Mestre. Farei como manda.

Antes que Joaquim José saísse, José Maurício perguntou-lhe:

– Você entendeu esse poema?

– Acho que sim.

– Do fundo da alma?

– Não sei.

– Não tem importância. Nunca entendemos bem aquilo de que gostamos. Talvez esse seja a vontade de Deus.

V

Em dois dias colocava em prática um raciocínio. Escreveria duas cantatas. Uma seria com linhas melódicas fáceis e harmonias simples, destinada a uma pequena orquestra. A outra seria aquela que seu talento impunha. A esta chamaria de "Cantata Verdadeira".

Mostrava o primeiro resultado, ao final de um mês.

– Que acha?

– Bem – dizia José Maurício. – Está como deve ser. Siga assim. – O olhar do Padre-Mestre ficou triste. – Meu filho, você me deixou muito mal.

– Por que, Padre-Mestre?

– Aquela cantata, do jeito que estava, era um erro. Não faça mais isso.

Nem por isso Joaquim José deixava de querer-lhe mais do que a qualquer pessoa no mundo. Talvez José Maurício fosse mesmo o músico de que o país precisava.

VI

Começou a instrumentar a "Cantata para o Padre-Mestre", como passou a chamá-la. Era para os olhos e o coração de José Maurício. Era aquilo que deveria fazer. Não apenas eliminava as harmonias complexas, como alterava as próprias melodias.

Nos intervalos do trabalho, abria a "Cantata Verdadeira". Precisava dela para saber que não sucumbia de todo. Era bela, audaz, rica. Iria permanecer com ela, mas escondida do Padre-Mestre. Deveria poupá-lo disso. "A alguém eu devo ser fiel", pensou.

VII

O Padre-Mestre ficou doente e ninguém lhe dava mais do que algumas semanas. Foi para a cama, em seu quartinho. Estava muito fraco. Mandou chamar Joaquim José.

– Quando um músico morre – perguntou-lhe – todas as suas músicas erradas ficam perfeitas?

Joaquim José nunca pensara nisso. Lamentou que esse homem, a glória da arte musical das Américas, estivesse a perguntar disparates. Disse-lhe que não sabia.

Com esforço interrompido por haustos de ar, o Padre-Mestre desenvolveu perguntas difíceis: quando o compositor morria, todas as imperfeições que ele praticara, de caso pensado para não incidir em soberba ou por falta de arte ou porque se julgava indigno, todas as mentiras e os erros se acertavam no Outro Lado? Tudo o que o músico negara ao mundo, tudo isso ele escutaria em sua forma perfeita, tal como Deus inspirara?

Ali, naquele triste quartinho, Joaquim José não respondeu. Soube logo que não era o homem à altura das perguntas. Ali era preciso um sábio.

O Padre-Mestre deixara de falar. Tinha os olhos fechados. Respirava agora com serenidade. Joaquim José, em silêncio, dirigiu-se à porta. Estava quase lá quando escutou:

– Mas quando nos encontrarmos lá em cima – o Padre-Mestre apontava o teto – saberemos. Agora vá, Joaquim José. Pratique a sua arte, mas não a ponto de escrever aquilo que deve ficar apenas para os ouvidos dos mortos. – Depois disse, de modo grave: – Aquela primeira cantata que você escreveu, aquilo era só para Deus. Aquilo foi um pecado. Aquilo foi um ato de soberba.

Joaquim José tomou a mão de José Maurício e a beijou.

– Descanse, Padre-Mestre.

José Maurício tinha alguma malícia ao dizer:

– Terei toda a Eternidade para isso. A morte só acontece uma vez. Quero estar lúcido para saber como ela é.

Em poucos dias o estado de José Maurício piorou de modo irremediável. Ninguém acreditava que aquilo pudesse acontecer. Os alunos se revezavam à sua volta.

VIII

O filho mais velho do Padre-Mestre foi procurá-lo. Precisavam pagar os médicos. Propôs-lhe fazerem um concerto beneficente no Teatro de São João.

– Isso vai levar tempo – disse Joaquim José. – Pensou um pouco e lembrou-se da tabaqueira de platina. Foi buscá-la. – Tome, venda. Não preciso disso para minha vida.

Quando fechava a porta, teve a certeza de que Bento Arruda Bulcão iria concordar. Teve um pensamento terrível: deixara de escrever a ele em definitivo. Bento Arruda Bulcão fora seu protetor, o que lhe dera a finura da sensibilidade, que o salvara para uma vida mais nobre, que lhe ensinara filosofia. "Sou um homem indigno e desprezível." Repetiu-se uma dezena de vezes a frase.

Desfazer-se da tabaqueira, contudo, tinha um sentido. Já a batuta de ébano e prata, iria conservá-la.

IX

No dia em que o Padre-Mestre José Maurício Nunes Garcia morreu, Joaquim José não estava a seu lado. Recebeu o aviso seco, num bilhete sujo.

Caminhou várias horas pela praia. Olhava para o mar. Queria retardar ao máximo as visões fúnebres. Caminhou descalço, sentindo as marolas que chegavam até seus pés. Tentou assobiar partes da cantata *Olhai, cidadãos do mundo*. Lembravase de todas, mas soaram sacrílegas naquele dia da morte de José Maurício.

O dia de verão era uma pesada mortalha de sol. Ele nada mais poderia esperar das alegrias e das intenções de ser um grande músico. Juntava conchas, que ia devolvendo ao mar. Tinha uma raiva sem objeto. Gritava contra o destino, esse ente imune às blasfêmias.

Chegava a hora de ir à igreja dos pretos. Ao dar o nó na gravata de seda escura, viu-se no espelho. Virou-o ao contrário, e não apenas porque esse era o hábito em dias de enterro.

Pranteou o corpo do Padre-Mestre, que estava erguido num catafalco ao centro da nave, junto à balaustrada de jacarandá lustroso do comungatório. Um pano negro, com debruns e borlas douradas, cobria o féretro, arrastando as franjas no chão. Joaquim José subiu ao coro alto e tocou, ao órgão, um salmo musicado por Palestrina.

Foi a Missa *Pro Defunctis* mais pungente a que ele assistira. Os músicos formados por José Maurício vieram para o coro e improvisaram uma orquestra. Acompanharam o *De profundis* do Officium 1816 do Padre-Mestre. *De profundis clamavi ad te, Domine: Domine, exaudi vocem meam.* Interpretou-o a melhor voz de soprano que existia no Rio, a Sra. D. Maria Conceição das Neves, ex-aluna de canto de José Maurício.

Os filhos do falecido estavam em torno do esquife até o momento da encomendação. Toda a irmandade dos pretos compareceu ao traslado do corpo. Todos sabiam que morrera alguém do qual muito se falaria.

No cemitério, no momento em que o oficiante aspergia água benta sobre o caixão, o céu transformou-se de súbito. Agora era dia claro. Um vento brando soprou do sul. A atmosfera impregnava-se de odores de cedros e ciprestes. Joaquim José deixou-se ficar enquanto os coveiros terminavam seu trabalho. "Perdoe-me, Padre-Mestre. Juro que nunca mais vou ofendê-lo com minhas músicas." E, ao pôr o chapéu: "Não nesta vida."

Foi essa a primeira morte, com a qual Joaquim José muito aprendeu. Ele desconhecia que nesse mesmo instante operavam-se mais duas mortes. Uma delas: em Itabira do Campo, depois de contemplar o entardecer, finava-se o pai. Todos, na família, já possuíam as indumentárias para a missa fúnebre.

Em poucas semanas Joaquim José recebia uma carta da mãe, dando a notícia e chamando-o. "Morreu daquela dor no coração e da dor no braço antes do Natal." Ao ler a data da morte, a mesma do Padre-Mestre, Joaquim José sentiu um suor frio brotar de sua pele.

X

A criada tinha certeza de que algo mau acontecia a Bento Arruda Bulcão. Durante o jantar, ele estivera com os olhos num ponto qualquer. Era o olhar de quem procura uma solução muito além de suas forças. Ela lhe servia e ele se recusava a comer. Quando ela perguntou por que estava sem fome, Bento Arruda Bulcão levou o cálice de vinho aos lábios, molhou-os. "Perdeu-se de mim, o meu menino. Perdeu-se para sempre" – falou isso para ninguém.

– Um dia quem sabe ele volta – disse a criada, sem acreditar.

Bento Arruda Bulcão olhou-a com sarcasmo. Fez-lhe um sinal para que o deixasse só. Estava desfigurado.

A criada se acomodava em seu quarto quando escutou gritos de dor. Escutou por um tempo aqueles gritos de alguém submetido a tortura e dilaceração. Ao subir as escadas, um estampido. Ela tremia a mão ao bater à porta do seu senhor. Segurava um castiçal. Ante o silêncio, ela acionou a maçaneta e foi abrindo a porta. Oscilante, a luz da vela estendia-se pelo chão do quarto.

A luz iluminou a cômoda, depois as rendas da colcha. Iluminou o pé direito de seu senhor, o pé caído no tapete, ainda calçando a babucha oriental de seda bordada. A criada abriu mais um pouco a porta. Viu o outro pé sobre a cama, descalço. Era uma imobilidade incomum, sinistra. Avançando a luz, colocando a cabeça para dentro do aposento, a criada susteve um grito. Era o cadáver.

Fechou os olhos para não ver mais: Bento Arruda Bulcão jazia sobre a cama, com as calças descidas até os joelhos. Abaixo do ventre, o sexo fora retalhado de maneira selvagem, estraçalhado em postas sanguinolentas. A cabeça estava irreconhecível, estourada pelo tiro. No tapete pousava o decorativo punhal mourisco de Toledo.

E assim completavam-se as três mortes.

A garrucha e o punhal foram recolhidos pelas autoridades como *corpus delicti*. O pároco da igreja de São Francisco fez vista grossa para o impedimento canônico dos suicidas. Enterrou o Doutor Bento Arruda Bulcão dentro dos muros do cemitério.

XI

Abaixo, era Itabira do Campo. Mesmo com a chuva insistente, ele permanecia ali, na volta do morro, vendo a cidade. Seu grande chapéu o protegia. Um cachecol, presente de Adelaïde, envolvia seu pescoço. Itabira era a mesma, a Matriz dominando os telhados com suas torres armadas de coruchéus pontiagudos.

No alforje de couro ele trazia suas duas cantatas, envoltas por um tecido encerado. Uma era a Cantata para José Maurício, e a outra, a sua Cantata, a Verdadeira. Não sabia por que mantinha as duas. O fato é que não tinha coragem de destruir a Cantata que fizera para José Maurício. Seria uma blasfêmia.

Mas tudo aquilo, de repente, era uma coisa vazia e sem sentido. Depois que José Maurício morrera, Joaquim José estava com o pensamento de que o espectro do Padre-Mestre rondava-lhe os passos.

Joaquim José levava uma tira de crepe negro amarrada ao braço.

No início da noite estava à mesa. A mãe, de pé e atrás dele, repousava a mão direita sobre o ombro do filho. Ela usava um vestido preto, com a gola afogada ao pescoço. Como todas as mães, avaliava se o filho fora bem nutrido durante a ausência. Na mesa havia galinha assada, torresmo, pão de milho e uma botija de vinho. No aparador esperavam os coloridos e lustrosos doces de goiaba, abóbora e laranja.

– O futuro a Deus pertence – Joaquim José disse a frase que todos dizem.

Levantou-se. Através da porta, via a chuva deitando água pelo beiral. A mãe disse-lhe para ir descansar. Fez-lhe o sinal-da-cruz na testa. Queria falar, conteve-se.

Procurou-o no outro dia. Contou-lhe como o pai morrera. Nos últimos dias começara a arrastar os pés. Dizia que não conseguia dominar as pernas e que estava por morrer. Passavam alguns fogos pelos olhos, sentia uma tontura, tinha um enjôo, uma repugnância. Ele dissera: "Vou morrer em poucos dias". Ele mesmo encomendara seu esquife e o deixara pago. Pedira que cantassem, nas suas exéquias, alguma de suas músicas. No dia da morte foi um ardume no meio do peito, que aumentou para o braço esquerdo e para as costas.

Joaquim José repetia para si todas essas dores.

A mãe revelou-lhe algo que o pai dissera um mês antes: "Quando meu filho voltar do Rio de Janeiro, cheio de composições novas, vai dar ânimo à Lira".

– E a música de Natal, os oito Responsórios que mandei do Rio de Janeiro?

– Se é aquilo que está ali – a mãe indicava um maço intacto no aparador –, não teve tempo nem de abrir, o pobrezinho. Ele só olhou por fora.

– Disse alguma coisa?

– Não. Foi recostar-se, gemendo de dor e dizendo que estava cego pelos fogos. Morreu.

A respiração de Joaquim José parou em suspenso. Fez com que a mãe dissesse de novo as palavras do pai. "Quando meu filho voltar do Rio de Janeiro, cheio de composições novas, vai dar ânimo à Lira."

Joaquim José sentia tremerem os lábios. Lágrimas vieram, muitas, insuportáveis. Olhou para diante de si, para a chuva. Muito para diante de si, para um futuro difícil de ser suportado.

XII

Nu, deitado ao comprido, o corpo flexível ainda úmido pelo banho, ele estava à margem do escondido córrego que desce tortuoso entre a vegetação. As palavras do pai percorriam sua cabeça como um enxame de moscas vorazes.

Hoje havia muito sol e ele fechava os olhos. Escutava os mil sons que apenas um músico escuta. Não só o brando e monótono rumor do córrego, mas o vento perpassando os salgueiros e movendo as pontas das ramagens que tocavam a flor das águas. Também os vagos sons de uma voz feminina ao longe e o chiar de uma cigarra.

Não deixava de pensar no pai. Repetia aquelas palavras para que, por força da repetição maçante e exaustiva, elas não significassem mais nada. Como quem reza, católico distraído, as dezenas de ave-marias dos rosários.

XIII

A Lira do pai desfizera-se. Os músicos incorporaram-se às outras orquestras e levaram junto seus instrumentos. Na casa do pai ouviam-se os passos da mãe e dos gatos.

"Não posso me esquecer", ele repetia.

Seria muita crueldade procurar a solução no amor. Isso não o impediu de aproximar-se de Marília, de quem, desde a infância de ambos, os vizinhos diziam ser a sua noiva. Tentou apaixonar-se por ela. Admirava-lhe os cabelos com alguns enigmáticos fios brancos, uma pequena marca do fórceps na testa, a maneira assustada de unir as mãos quando apreensiva. Admirava-a por ser letrada. Tinha quinze livros na prateleira da sala.

Conseguiu sentir saudades de quando estava com ela. Mas isso também ocorre entre pessoas que são apenas amigas.

Em Itabira do Campo e em todo Império, as moças ou casavam cedo ou não casavam nunca. Por isso, numa tarde de domingo em que a visitava, ele preferiu esclarecer:

– Você saiba que não tenho o jeito de casar – e estava sendo o mais sincero que podia. – Não por enquanto.

Ela levantou-se do sofá de palhinha, fechou o leque, chegou a seu ouvido:

– A mim, pouco me importa. – E saiu da sala.

Ele desesperou-se de vergonha. Foi ao ribeiro, mergulhou. Contava os segundos, prendendo a respiração. Ao emergir à busca de ar, trazia uma idéia. Lembrara-se do Padre-Mestre. Disse: "Eis tudo: toda dissonância é uma preparação para a harmonia".

Sua vida deveria – era fatal – encaminhar-se para o equilíbrio.

Para sobreviver, passou a dar aulas de música aos instrumentistas mais fracos.

XIV

Teve coragem para abrir a cantata que escrevera com toda sua arte. Ali estava. Era ainda a parte reduzida para piano com as indicações sumárias dos instrumentos.

Nenhuma partitura existe antes de ser executada. Antes, são apenas cinco linhas paralelas crivadas de pontos negros e sinais impenetráveis. Sua arte, no entanto, fazia viver em seus ouvidos o que dizia aquela partitura. Ali estava o resumo de sua vida até agora.

Ele pôs a cantata no alforje. Saiu da cidade, subiu à eminência de onde avistava toda a paisagem. Eram quebradas de verdes de todos os matizes. Havia grandes ipês e guapuruvus com as copas floridas.

Dispôs a partitura sobre uma pedra. De pé, para o vento, para nuvens, regeu a cantata. Indicava a entrada dos instrumentos e das vozes. Era uma celebração. Não acreditava que aquela música tivesse saído de si. Os versos, na voz dos solistas e do coral, ganhavam sua verdadeira força e beleza. Cantava-se ali toda uma fortuna.

Percebeu, com apreensão, certos defeitos, coisas que não soubera solucionar quando escrevera aquela partitura e que deixara para trás. Mas se as respostas às perguntas finais do Padre-Mestre fossem "sim", tudo que ele, Joaquim José, escrevera, tudo soaria perfeito a seus ouvidos. Mas teria de morrer para que isso acontecesse.

O acorde final ficou ressoando em seus ouvidos. "Não pode ser assim."

Voltou para casa. Vários meses se passaram depois disso.

XV

Em Itabira do Campo enlouquecia de velhice um homem que fora sempre muito bom, muito sossegado, muito sensato. Agora matava a tiros os cães da casa. À noite, aquela figura longilínea com braços de marionete caminhava pelos corredores. Ele saía à rua e gritava poemas de outras épocas, que falavam de pastores e ovelhas. Nunca mais tirou a roupa de dormir, agora em farrapos. Os olhos tinham o braseiro das insônias.

O pároco pensou em exorcismo, mas horrorizou-se com a possibilidade do confronto pessoal com o demônio. O barbeiro fez-lhe sangrias, aplicou-lhe ventosas e enemas, tratou-o com panos frios na testa. Por fim, fechou as correias da pequena mala de couro em que guardava seus instrumentos: nada mais podia fazer contra o poder da natureza.

– O cérebro, tal como as frutas, apodrece – disse.

Com o furtivo beneplácito do Juiz de Direito, os filhos mandaram construir uma jaula de bambu no quarto grande. Puseram o pai ali dentro. Ele urrava, sacudindo as barras de bambu, gritando indecências. Os filhos levavam as mãos aos ouvidos. Os vizinhos estavam em sobressalto. Assim foi por quatro meses. A última esperança era a morte.

Numa tarde de abril, os filhos perceberam que nada mais escutavam do quarto grande. Foram ver. O pai sentava-se ao fundo da jaula, com os olhos fechados. As linhas do rosto serenavam. Era um homem pacífico.

Um fraco som de viola vinha da rua. Abriram a janela e

enxergaram o filho do falecido Mestre da Lira. Ao vê-los, Joaquim José parou de tocar. Depois saudou-os, tirando o chapéu.

Com um rugido que arrepiou os cabelos, o pai saiu de seu letargo. Começou a debater-se na jaula.

O filho mais velho, o Coronel do Regimento de Dragões de Vila Rica, rogou a Joaquim José que seguisse tocando. Isso voltou a serenar o doente. Em poucos minutos ele dormia.

Joaquim José foi chamado sempre que os acessos eram mais furiosos. Quiseram pagar-lhe, mas ele recusou. Fazia aquilo por humanidade e para avaliar o poder da música. Ele entrava no quarto, sentava-se ao lado do velho homem e tocava. Travavam diálogos.

Joaquim José pediu-lhe que dissesse aqueles poemas de pastores. À medida que o homem recitava, Joaquim José ia transformando aquilo em música. Essa astúcia resultou acertada, e foi uma prática diária.

Os filhos tiraram o pai da jaula e queimaram-na. Ele retomava seu anterior caráter e falava sobre o tempo, sobre seu gado e sobre impostos. Como todo homem, ele adoeceu. Na tarde em que entrou em agonia, Joaquim José estava junto. Tocou até que, num arranco mais profundo, o velho homem entregou o espírito.

No velório, o Coronel do Regimento de Dragões de Vila Rica veio falar com Joaquim José:

– Temos uma dívida enorme com você.

– Obrigado. A mim, tenho o que me basta.

Esse fato, como dizem os literatos, foi incluído entre as histórias da bela cidade de Itabira do Campo, nas Minas Gerais.

XVI

Uma jovem mulher passava todos os dias sob a janela onde Joaquim José estudava sua viola. Ela olhava para cima. Ele já a percebera. Pela mão que segurava o cabo do chapéu de sol, era muito morena. Adivinhava-a bela. Esperou-a, desceu os degraus e abriu a porta como por casualidade. Ele de imediato pensou reconhecê-la. Alguma coisa no rosto, mas era uma lembrança muito infantil. Algo nos olhos, ou acima deles.

Ela parou. Desejava-o tanto que tremia ao escutar seu nome. Tornava-se úmida e os seios retesavam-se. Era filha de um meirinho que não saía sem a garrafa de cachaça no bolso. Viúvo, gastando tudo em bebedeiras, o meirinho queria encaminhar a filha. Dizia, usando o palavreado dos cartórios: "De bens de raiz, só tenho a casa onde eu moro. Logo: como amásia ou como esposa, minha filha precisa de varão que lhe ponha estado de teúda e manteúda".

Joaquim José mirava-a. Um rosto redondo. Sobrancelhas fortes. Reconhecia-a, mas de quando? Era mesmo bela e morena. Mais que bela: ele deu-se com um calor na virilha. Sentiu secar-se a boca. Empolgou-se pelo nome, Pilar. Ela arfava, erguendo e baixando o colo mal comprimido pelo corpete. Seus lábios eram cheios e amorosos.

– Vá à minha casa – ela disse.

Nessa mesma noite viram-se nus um frente ao outro. Amaram-se no pequeno quarto dos fundos. A nudez trigueira de Pilar empalidecia sob a luz volátil do candeeiro. Pequeninas veias contornavam os seios. A penugem de seus membros era o rocio ao amanhecer sobre as folhas. Sentia-se, em toda a casa, um cheio de ervas maceradas.

Depois, lado a lado, falaram-se. Ele disse:

– Eu penso que conheço você.

– Sim, de muito tempo. – Ela assistira, muitas vezes, à Lira. Era uma menina, levada por um tio, músico em Vila Rica. O tio ensinara-lhe violão, dera-lhe noções de música e ensinara-lhe a arte de copiar partituras, desdobrando-as nos diversos instrumentos da orquestra. Durante um ano copiara músicas para a Lira, até que esta se desfez. Agora, ela atendia às orquestras de Vila Rica. Serviço não lhe faltava.

– Eu vou casar com você, Pilar.

Ela pôs a mão sobre sua boca. Diminuiu a chama do candeeiro até que viram a luz extinguir-se.

Na lassidão, eles não perceberam que lá fora instalava-se a ampla noite. As trevas eram densas e quietas. O vento, roçando pelas ramagens, tirava um Sol.

De madrugada ele despertou com um ruído na porta da frente.

– É meu pai que chega – ela disse. – Volte a dormir. – Ele só acorda amanhã.

XVII

Ela contou: outrora o tio lhe mostrara como desenhar as pautas musicais. Ela já sabia ler, escrever, somar e diminuir. Antes disso, pela primeira vez pusera panos entre as pernas. Órfã de mãe e sem a vigilância do pai, deu-se ao primeiro homem que disse "como você é bonita, Pilar". Magoava-se com facilidade mas ria sem controle. Gostava dos animais e das matas. Todos estavam certos de que seria uma perdida.

O tio apresentara-lhe uma pena de escrever de ferro, com cinco pontas. Empunhando a mão da sobrinha, correndo-a ao longo de uma régua, a pena de cinco pontas desenhou o pentagrama musical. Todas as linhas tinham a mesma distância umas das outras, era lindo. Ele explicou que, em lugares como o Rio de Janeiro, era possível comprar as páginas com as pautas de música, sem nada escrito nelas. Só ricos podiam tê-las. O tio ensinou-lhe como as notas deveriam ser desenhadas, porque de desenhos se tratavam. Começou pela semibreve, um círculo branco, achatado. A semibreve soava por mais tempo. Durava quatro batidas do dedo sobre a mesa: 1, 2, 3, 4. Em seguida, a mínima, que era a semibreve com uma haste que subia, duas batidas: 1, 2. A semínima era uma notinha negra, com uma haste para cima. As colcheias eram como semínimas, mas a haste possuía uma bandeirola. As hastes poderiam ser para cima ou para baixo. E assim por diante. Pilar perguntou como os músicos, só olhando aquelas notas, sabiam o que tocar. "Deus" – o tio respondeu – "lhes dá esse dom."

A menina baixou a cabeça sobre a página.

"É linda, uma partitura."

"E você pode ganhar dinheiro com elas, copiando para as orquestras."

Ela dedicou-se a isso. Tornou-se conhecida em Itabira do Campo, Vila Rica e Mariana. Os músicos reconheciam a escritura musical de Pilar. Pagavam-lhe bem pelas cópias. Tornou-se manhosa, mas não cínica. Ela, muito concentrada, sobraçando um pacote com suas cópias, percorria as ruas. Não parava para ninguém antes de fazer a entrega. Ali dentro do pacote havia missas e ladainhas. Ela não errava a caligrafia. O músico poderia tocar sem medo a nota, que sempre seria a correta.

Quando conheceu Joaquim José, muito já ouvira falar dele. Tinha curiosidade para conhecê-lo: era um homem que vivera no Rio de Janeiro. Depois que ele retornou, depois de vê-lo à distância e avaliar seus olhos e seus cabelos anelados, a curiosidade transformara-se em desejo. Fazia quase um mês que passava debaixo de sua janela e o escutava tocar a viola.

XVIII

Ele abriu a arca do pai. Ali estavam as pastas de papelão da Lira. Cada pasta possuía um rótulo: missas, marchas, réquiens, valsas, aberturas. Abriu uma das pastas. Leu aquela letra musical do pai, que tanto conhecia, pequena e tímida. Apareceram também partituras copiadas por mão feminina. Ele agora sabia quem as copiara.

Algumas músicas eram de autoria do pai, do tempo em que ainda tinha capacidade para escrevê-las. As outras eram de músicos das Minas Gerais e da Bahia.

Tudo que é de um morto deve ser queimado e esquecido. Os vivos têm o direito a amar sem as culpas da memória.

Ele pensava em reservar algo para si. Desde os primeiros minutos, todavia, soube que o melhor a fazer era dar aquilo a quem quisesse. Queimar, não queimaria.

Pôs as pastas de papelão dentro de duas caixas de madeira tosca e distribuiu-as entre os músicos da cidade. Quando contou isso a Pilar, ela achou muito certo. Daí por diante, ele muito dependeria dos conselhos dela.

XIX

Pilar Amarante dos Reis debruçava-se no peitoril da janela de sua pequena casa. Amparava o rosto com as mãos. Olhava para o entardecer. Estava só. Espairecia do trabalho. Sobre a mesa da sala havia um tinteiro e várias folhas de música, duas delas escritas. Copiava, com minúcia, um *Te Deum* do mestre Álvares Pinto, para ser executado na data onomástica da Sé de Mariana.

Pilar contava vinte e três anos, embora lhe dessem quase trinta. "É muita vida", ela dizia em resposta. Censuravam-lhe a conduta leviana, mas, na verdade, ela não tinha idéia de como deveria portar-se uma pessoa com essa idade. Um pequeno colar de contas verdes e vermelhas caía entre a curva dos seios. A volta do colar, no pescoço, prendia-se por um fecho de latão. Os ombros recortavam-se redondos sobre o fundo negro do interior da casa. Tudo era muito cotidiano e agradável.

Da rua, abaixo da janela, fixava-a um homem baixo e gordo, com um chapéu redondo. Usava botas de cordovão, sem nenhum lustro. Era um homem rico e passara ali por acaso. Andara caçando. Trazia uma espingarda de dois canos atravessada nas costas.

Ele olhava para Pilar. Imaginava que ela não o houvesse percebido. Para fazer figura, inclinou-se. Levou à mão a aba do chapéu:

– Dona Pilar Amarante dos Reis.

Ela perguntou-lhe como sabia seu nome. O homem disse-lhe que, como todos, conhecia-a e conhecia seu pai, o meirinho.

E que o meirinho vivia dizendo que sua filha precisava de um homem.

– Mas não será o senhor. – E fechou a janela.

O homem não ficou incomodado. Saiu assobiando, feliz com sua gordura e sua riqueza, as pernas grossas em arco, pensando no assado de cotia que sua cozinheira, gorda como ele, gorda como sua esposa e gorda como seus filhos, preparava desde de manhã cedinho. Hoje abriria uma garrafa de vinho do Dão.

Dentro de casa, Pilar lembrava-se de Joaquim José. Não conseguia concentrar-se no trabalho. Agora cravava as unhas nas palmas das mãos de tanto desejo. Como as pessoas apaixonadas pensam muito na morte, se Joaquim José morresse, ela se matava. Nunca tivera esses cuidados com alguém.

Espertou a chama do lampião. Retomou o trabalho com prazer. Suas pautas pareciam impressas na Europa. Sorria ao pensar no homem gordo, o caçador. Quando o pai chegou, ela serviu-lhe um prato de arroz e feijão e foi dormir. Muito as filhas amam seus pais, mesmo quando bêbados e difamadores.

Dos ruídos dos instrumentos: só um músico, ou alguém de ouvido apuradíssimo, pode escutá-los. O ideal é não escutá-los. Não são música, mas sim o miserável esforço humano para produzi-la.

Antes de surgir a música há os ruídos.

No clarinete, no fagote, no oboé, no corne-inglês, existe uma sucessão de chaves metálicas que se chocam, retinem, estalam. As teclas do piano acionam uma combinação de engenhos que terminam no martelo golpeando as cordas. No violino, a polpa dos dedos bate com vigor no espelho para prender a corda; há, também, o rascar das crinas do arco sobre a corda.

O plectro pinça as notas, no cravo. O sopro sai dos lábios do flautista e atinge o bocal, impulsionando a coluna de ar para dentro da flauta.

Mesmo no órgão: o vento que sai dos tubos, antes de se transformar em música sagrada, percorre ductos cheios de quinas, provocando turbilhões cacofônicos.

Tudo isso são ruídos.

Quando Adolf Scherbaum tocava seu trompete barroco, escutavam-se todos os barulhos dos pistões. Mesmo os instrumentos dos grandes concertistas não são tocados por querubins: Scherbaum era gordo, vermelho e alemão. Curvava-se feliz, em agradecimento à platéia.

QUATRO

CAPITAL DA PROVÍNCIA AO SUL, 28 DE AGOSTO DE 1885, NOVE DA NOITE

Depois que o esposo fecha a porta do quarto, ela volta para a mesa de trabalho. Abre a pasta desatando-lhe o nó, contempla com vagar a caligrafia musical do esposo. Olha o título: *Finale*. Esse *Finale* era inevitável. Agora que acontece, é uma tragédia.

Ela vence a si mesma, aumenta a chama da lamparina, abre o bloco de papel pautado de música. Não pensa em nada, não sente nada, não quer se envenenar pela fatalidade. Não se permite uma lágrima: seus olhos devem ficar secos para que possa escrever sem erro.

Trabalhando com maior rapidez do que nos dias precedentes, ela transcreve a parte de cada instrumento: começa pela flauta, seguindo com o oboé, clarinete, fagote, trompas, trompetes, trombones.

A noite é cerrada e o guarda-noturno já passou três vezes quando ela, exausta, chega ao naipe das cordas. A última parte a copiar é a do contrabaixo.

Ao ler a barra dupla no fim do pentagrama, seus olhos lêem a surpresa de um pedido.

Relê-o, numa vertigem. Deve trabalhar ainda mais um pouco, copiar algumas palavras em cada parte, de modo que cada violinista, cada flautista, cada clarinetista, cada músico, cada cantor do coral, cada cantor solista, ao fim da execução, tenha as mesmas palavras frente aos olhos. E tudo deve ficar pronto ainda nesta noite.

Acabado o trabalho, ela tomará a pasta e nela irá recolher as partituras, pousando-as na seqüência em que as copiou.

Tudo então estará pronto. Ela tirará os óculos, soprará a chama da luz.

Às onze horas escutará o soar do carrilhão da sala.

Apoiará a testa nas mãos sobre o tampo da mesa. Fechará os olhos. Dormirá.

I

Em Vila Rica tiveram a notícia de que três franceses chegariam em visita à cidade. Eram remanescentes daquela missão artística trazida pelo rei velho. Os viajantes vinham às cidades das Minas Gerais e da Bahia. Iriam retratá-las em desenhos e quadros a óleo.

O Presidente da Câmara resolveu oferecer-lhes um serão. Como não sabia como distrair os visitantes, lembraram-lhe de Joaquim José de Mendanha. Mandou buscá-lo em Itabira do Campo, para tocar algumas músicas ao cravo. Joaquim José, apoiado por Pilar, aceitou. Numa inspiração de última hora, pôs no alforje a "Cantata Verdadeira". Quem sabe alguém a entendesse, os franceses talvez.

Ao chegar a Vila Rica, passou em frente ao solar de Bento Arruda Bulcão. Dia claro, as janelas mantinham-se fechadas. Ele fixou o olhar numa erva maligna, crescendo no beiral do telhado. Como dominar a vergonha? Como bater àquela porta?

À noite, o presidente da Câmara apresentou-o como "um jovem de grande talento, ex-aluno do Padre-Mestre José Maurício Nunes Garcia". Os franceses, em homenagem ao anfitrião e àquele nome importante, saudaram-no com amabilidade. Não consideravam a música com a mesma relevância das artes plásticas. Falavam-se em português, embora sussurrassem entre si em francês.

Depois do jantar, sentaram-se para escutá-lo. Cruzaram as pernas. Cruzaram os braços. Olhavam-no.

Joaquim José iniciou com as variações do *La ci darem la mano*, que foram aplaudidas de modo formal.

Ele pediu que alguém apresentasse um tema. Um arquiteto levantou-se e cantarolou *Au clair de la lune*. Joaquim José pediu que a repetisse. Acompanhava a frase musical com apenas uma das mãos no teclado.

Improvisou variações, desde as mais singelas até as mais complexas. Ia arriscar-se a mais uma, mas deu por encerrada a série, levantando-se. Os franceses levantaram-se também. Houve aplausos e um bravo!

Um deles chamava-se Charles de Lavasseur, era arquiteto e aquarelista. Era um homem esguio e refinado. Uma pequena mecha romântica caía em sua testa. Voltando-se para a assistência, declarou que todos ali, inclusive ele, estavam assistindo a um milagre.

– Pois só um milagre explica que haja, aqui no Brasil, um artista com essa qualidade. Nosso jovem músico merecia ter nascido em Paris.

Joaquim José curvou-se, agradecido. E num instante soube o que fazer. Abriu a sua cantata e começou a tocar o Prelúdio. O cravo armava uma branda linha melódica, que aos poucos adquiria uma harmonia de estranha sonoridade: havia um cânon quase importuno, a repetição obsessiva da mesma linha. Havia uma breve dissonância, aquela a ser executada pelas trompas, mas se percebia que era dissonância pensada. Só um músico superior é capaz desse efeito.

Foi o próprio Joaquim José a explicar de que se tratava: era o início da cantata "Olhai, Cidadãos do Mundo", composta por ele mesmo. Àquela palavra "cidadãos", os franceses entreolharam-se. Antes que falassem algo, o Presidente da Câmara mandou servir um vinho do Porto e comandou um brinde ao jovem musicista.

II

Ao sair da Câmara, a noite vinha alta e sem lua. Ele estava com frio e tonto pelo vinho. Os lampiões iluminavam acima das portas nobres e hoje davam um aspecto de gravura antiga às fachadas.

Ele foi para frente do solar de Bento Arruda Bulcão. Não havia luz sobre a porta. As janelas permaneciam fechadas. Não havia nada, muito menos música, muito menos vida.

"É tarde", ele pensou ao abotoar o casaco e seguir para o albergue, "é tarde, estão dormindo". Disse no plural, para não pensar nele. Inquietava-o a ausência do lampião.

Acordou ao meio-dia e ainda pensava no lampião, na falta dele. À tarde andou pela cidade evocando anos atrás, o passado, evitando aquela rua, mesmo que acabasse sempre em frente ao solar.

III

Os franceses eram vistos em Vila Rica com seus cavaletes, pincéis, lápis e resmas de papel. Pintavam e desenhavam a cidade. Estavam no Alto da Cruz. Comentavam a respeito do extraordinário talento do jovem músico. Charles de Lavasseur era o mais entusiasmado. Observava a igreja de Santa Ifigênia, mas seu olhar distraía-se na imponência da paisagem.

– Penso naquilo que escutamos ontem à noite.

Decidiram pedir ao jovem músico que viesse tocar sua cantata por completo.

Às oito da noite, Joaquim José estava de novo no salão da Câmara, sentado ao cravo. Começou o Prelúdio. Tocou-o com toda a alma. Na Segunda Parte, Charles de Lavasseur veio por detrás do ombro de Joaquim José e cantou a parte do tenor, enquanto Joaquim José fazia o coro.

Meia hora mais tarde Joaquim José desferia o acorde final, arpejado. A música repercutia pelas altas paredes da Câmara.

– Bravo! – disse Charles de Lavasseur. – Corresponde ao que havíamos imaginado. – E fez um pedido. Queria levar a cantata consigo. Gostaria de enviá-la para a França, para o grande Gioacchino Rossini.

A esse nome, Joaquim José abriu os olhos.

– Nunca imaginei, senhores. Rossini.

– Pois pode imaginar – disse de Lavasseur. – Sua música tem arte e o poema é de acordo com nossas idéias filosóficas.

Aqui no Brasil ninguém irá entender e você ainda se arrisca a ser preso. – O que me diz? – de Lavasseur esperava.

Joaquim José pegou a partitura.

– Sei que está bem cuidada. – E entregou-a.

Pensava, na onipotência dos jovens, que seria fácil reconstituir de memória a sua cantata. Tinha em Itabira do Campo a outra, a aprovada pelo Padre-Mestre.

Nessa noite, pelo comentário de um criado, soube da morte de Bento Arruda Bulcão.

IV

Joaquim José tivera coragem de voltar para a frente do solar. A antiga criada saía; reconheceram-se. Ela explicou que preservava limpa a casa, objeto de litígio entre os sobrinhos.

Ele soube dos fatos da morte de Bento Arruda Bulcão. O doutor perguntara por Joaquim José ainda poucas horas antes de acabar com a própria vida. Foram suas últimas palavras.

Joaquim José baixou a cabeça, esmagado pela revelação.

Perguntou pela data do falecimento. Atônito, ele a soube. Não havia coincidência. Se ele era tão mau a ponto de provocar três mortes, era porque sua arte não possuía qualquer valor. Um bom artista deve ser, sempre, um bom homem.

– Era só isso que o senhor queria saber?

Não, ele pediu para entrar na casa. A criada ergueu os ombros e tirou dos folhos do vestido uma argola com as chaves.

Já na sala, Joaquim José pediu que ela mantivesse as janelas sem as abrir.

– Está bem, meu senhor. Espero lá fora.

Ele deixou que a escuridão concedesse lugar à débil luz que, vinda não se sabe de onde, sempre existe nos espaços encerrados. Reconhecia aquele ambiente feito agora de sombras mortas. Os contornos ficavam mais nítidos. Reconhecia formas e texturas. Tudo era morto, mas ele reconhecia.

Movido pela fatalidade incapaz de esquecer-se, foi até o cravo. Tirou dele o vaso de Sèvres, tirou a colcha de tafetá, repetindo o gesto tão habitual de Bento Arruda Bulcão.

Ao erguer o tampo do teclado, sua mão ficou imobilizada. Seu corpo ficou imobilizado. Sentia haver mais alguém na sala.

Girou o olhar em volta. Tudo estava em seu lugar.

Ele não conseguia mover-se. A criada apareceu.

– Está tudo bem, meu senhor?

Joaquim José foi em direção à porta, à luz. Na rua, embebeu-se da rotina, da trivialidade dos cavaleiros que passavam, dos cães, do homem que trazia leite. Tudo estava em seu lugar, mas algo invencível acontecera dentro daquela casa.

A verdade repentina: cometera um monstruoso erro. Interpretara de maneira odiosa o natural daquele homem que era apenas vítima de um eterno devaneio. Com aquilo, com aquele erro, Joaquim José cometera aquela monstruosidade, já impossível de ser reparada. Precisaria de outra existência, uma nova existência, para repor tudo como antes, quando Bento Arruda Bulcão era alguém interessado nele, Joaquim José, em seu futuro, na sua arte, aquele homem que teria tantas coisas importantes para fazer na vida para além de preocupar-se com jovens desmiolados.

Caminhou até a exaustão, andou por vielas, até que se viu em frente à estalagem. Ficou mais dois dias em Vila Rica, num pânico branco, sem comer, nem beber, nem dormir.

O suicídio é a forma mais cruel de permanecer dentre os vivos.

V

Assim que ele retornou a Itabira do Campo, Pilar soube que algo havia sucedido. Mas os homens não falam, não dizem nada. É a estranha mágica para se convencerem de que nada aconteceu. É seu modo de enfrentar a vida.

– O que foi? – Pilar perguntou, sabendo que não teria resposta. Foi então preparar a cama.

Ele deitou-se vestido mesmo e dormiu por um dia inteiro e duas noites.

Acordou-se, tentando acostumar-se à luz. Sentou-se na cama e dali avistou Pilar, que fazia suas cópias. Ela veio para seu lado. Ali ficou, muda. Seus dedos escorregaram e capturaram os dele. Ele sentia o calor do corpo de Pilar, sentia-lhe a respiração. Era do que ele precisava: apenas silêncio e presença.

VI

Passado um tempo sem notícias dos franceses e da cantata, Pilar foi em pessoa pedir ao Presidente da Câmara de Vila Rica que intercedesse para que fosse recuperada a música do esposo. Joaquim José não falava noutra coisa.

Já viviam juntos. Haviam se casado. O sacristão e a esposa serviram de testemunhas. Com a morte do pai de Pilar, ocuparam a casa, restituindo-lhe a dignidade.

O Presidente da Câmara mandara uma carta a Charles de Lavasseur e tivera resposta: o francês enviara a música para Rossini, em Paris, como havia prometido. Mas que importância isso tinha, perguntava de Lavasseur, se o amigo músico de Vosmecê iria ter a honra de ser lido pelo próprio Rossini? Que o amigo músico tivesse paciência, que receberia sua música de volta e ainda com louvores.

E foi isso que ela repetiu a Joaquim José.

VII

Ela percebeu quando Joaquim José retirou do armário a partitura da cantata para o Padre-Mestre. Acompanhou com o olhar quando ele a abriu sobre a mesa. Estudou-a por uma tarde inteira. Ele tentava, pela última vez e sem esperanças, reconstituir a sua cantata, para dar oportunidade à indulgência da sorte. Lembrava-se de alguns fragmentos, mas aquela passagem, e aquela outra, aquela harmonia que fazia a glória de sua música perdiam-se, e nem em conjunto conseguia trazê-la à vida.

Pilar enlaçou-lhe o pescoço. As unhas roçavam seu peito.

– O que está acontecendo? – ela perguntou pela terceira vez.

Agora ele pareceu ouvir.

– Não consigo lembrar. – E ele explicou. Não mais se lembrava da partitura levada pelo francês. Olhava para aquela aprovada pelo Padre-Mestre, tentava refazer a cantata e não conseguia.

– Todos esses mortos, Pilar, todos os três, eles olham por cima de meu ombro.

Pilar acariciou seus cabelos. Joaquim José baixou a cabeça.

– Não sou um artista. Sou o que meu pai queria que eu fosse. – Joaquim José olhava para a partitura, folheava-a. – Agora posso entender essas três mortes – falava para si mesmo e para Pilar. – Devo abandonar essa maldita música. – Lembrou-se: – Tive um sonho esta noite. – Contou que tirava uma pistola do bolso e mirava a cabeça de Bento Arruda Bulcão, mas não acionava o gatilho.

Pilar pegou a partitura, levou-a para trás do corpo.

– Nada é tão triste – ela disse.

– Preciso fugir daqui. Preciso abandonar estes lugares. Preciso fugir dessas três sombras, preciso ir para longe. Se eu fugir, você me acompanha?

Ela aproximou os lábios de seu ouvido:

– Vou acompanhar você até o inferno, se ele existe.

– Existe sim.

VIII

O Coronel olhava para aquele mulato à sua frente. Estavam no gabinete do comando do Regimento. Ouviam-se as desafinadas notas do clarim, vindas do pátio. Aquele mulato lembrava-lhe alguém. Aquele homem franzia o rosto quando as infelizes notas soavam. O Coronel então se recordou do músico que tornara mais suaves os últimos dias do pai. Num instante lembrou-se de tudo, da frase que ele mesmo dissera, em nome dos irmãos: "Temos uma dívida enorme consigo". Aquele mulato que naquele dia respondera de modo tão elegante: "A mim, o que tenho basta", estava ali e com toda certeza vinha pedir algo.

– Fale o que deseja.

Ao escutar com paciência a resposta, o Coronel pensou um pouco.

– Posso, sim, alistar você. Mas previno-o que a época não é das melhores. Estamos em guerra no Sul. Quem vai para o Sul vai sempre ao encontro de uma guerra. – Vendo a implacável determinação do outro, resignou-se: – Posso alistá-lo como Sargento-Mestre da banda do 2º de Caçadores.

– Por mim, iria até de soldado-músico, desde que vá para bem longe daqui.

Era um pedido extravagante. O Coronel mirou-o. Aquele homem tinha o olhar dos insanos. Um louco a mais no exército imperial.

– Pois lhe asseguro que vai para muito longe, Sargento. – Como os militares antes de tudo cumprem a palavra empenhada

148

e aquele era um coronel de verdade, levantou-se, apertou a mão de Joaquim José: – Passe na minha secretaria. Mandarei lavrar o ato.

Quando Joaquim José saiu do gabinete, olhou para baixo, para o pátio, para onde alguns soldados exercitavam-se nos clarins. Soou uma perversa nota Sol. Franziu o rosto.

A quem não resta uma cantata, uma banda militar é muito.

IX

"Oboés e clarinetes de madeira amenizam o furor dos metais e da percussão." Se o Sargento-Mestre Mendanha pensava isso, não foi fácil pôr em prática. Seus músicos possuíam rudimentos de teoria e enganavam-se nas notas.

– Homens difíceis – ele disse a Pilar.

Queria entretanto dizer que fora convocado com sua banda para o conflito no Sul. Exércitos, para bem lutarem, precisam ouvir música.

Pilar era uma mulher simples, sem preocupações. Essa leveza é que a tornava desejável como um figo. Ela tirou o lençol que cobria seu corpo molhado de suor. E assim, desejável, disse:

– Sei que você vai para o Sul. Eu irei ter com você, onde estiver. Por que você vai para o Sul?

– Porque perdi minha música. Porque preciso ficar longe de todos esses que me acusam.

– Estão mortos.

– Menos para mim. – E disse que iria sim para o Sul, o ponto mais distante no mapa do Império. – E vou para uma guerra. Talvez eu morra por lá. – Ele recolheu as mãos dela entre as suas. – Mas eu preciso de você para morrer.

– E eu, para viver.

X

Paris. Viam-no caminhando de um lado para outro. Rossini caminhava de um lado para o outro no saguão de sua casa de 102 mil francos. Era noite e ele estava atrasado para o concerto no Conservatoire. Seria executada a *Symphonie Fantastique* de seu amigo e colega Hector Berlioz.

Desagradava-lhe, essa *Symphonie Fantastique*. Muito romântica, muito barulhenta, pouca melodia. Por sorte esperava-o, após o concerto, um jantar no palacete do Barão de Rothschild, preparado pelo insuperável Carême. Carême, o cozinheiro dos reis e o rei dos cozinheiros, iria preparar naquela noite um peru recheado com trufas.

Rossini olhava para o relógio de bolso. Estava com fome. A viatura de aluguel deixava-o à espera e ele caminhava de um lado para o outro, já de chapéu alto. Chovia e ele se exclamava pela chuva. Os pingos da chuva escorriam pela vidraça. Isso tinha o dom de irritá-lo.

Era uma figura bojuda. O pesado sobretudo o transformava num grande urso negro. Tinha muita fome daquele peru.

Chamou o criado, mandou-o verificar na rua. Que visse se chegava a viatura. O criado voltou espanejando água, dizendo que não, que havia tomado um banho de chuva e não tinha visto a viatura.

Rossini sentou-se num quase-trono decorado com águias em bronze. Era uma das poucas poltronas da casa que suportavam seu peso.

Olhou para a mesinha ao lado, em que pousava um envelope grosso, atado por correias de couro, destinado a ele. Tomou o monóculo preso por uma fita à casa da lapela, ajustou-o no olho direito. Leu seu nome. O remetente era um Charles de Lavasseur.

– Leve isso embora – ordenou.

– E faço o quê? – perguntou o criado.

– Queime, venda a peso de papel, dê à sua sogra, limpe a bunda com ele, faça o que bem entender. Não conheço nenhum Charles de Lavasseur. Deve ser mais um desses aristocratas pseudomúsicos que me pedem para ler suas obras-primas de amadores.

Bateram à sineta da rua. Gioacchino Rossini ergueu-se.

– Ainda bem! – e abotoou o sobretudo. – Vamos à sinfonia e a esse famoso peru com trufas – falava ao criado, já ria. – Os perus, muito espertos, em seu próprio interesse, andam espalhando que as trufas deram más neste ano. – Como lhe voltara o bom-humor, deu uma gargalhada. O criado acompanhou-o com o guarda-chuva até a viatura.

Sozinho, o criado hesitava. Olhou para os pés. Os sapatos estavam encharcados. Abriu o envelope, tirou a partitura – o Maestro acertara, era uma partitura –, rasgou a sobrecapa e com ela forrou seus bons sapatões normandos sem cadarços. Ficou visível apenas a folha de rosto.

Sentiu-se confortável. Naquela noite, junto ao fogão, disse à mulher que nada era melhor do que sobrecapas de músicas para forrar sapatos.

Quanto à partitura, devolveu-a ao envelope. Colocou-o sobre o armário de seu pequeno quarto, guardando-o para a próxima chuva.

Em uma semana esqueceu-se de onde o colocara e voltou a forrar seus sapatos com edições antigas da *Revue des Deux Mondes*.

XI

Arrumavam dois baús. Um para ele, com tudo o que possuía. No fundo, ele pôs a cantata feita para José Maurício. Pôs por cima uma série de músicas de Vila Rica. Não sabia por que as conservava. Pôs também a batuta de ébano e prata, presente de Bento Arruda Bulcão. Iria usá-la por toda a vida.

O baú maior para ela: ali guardava, entre suas roupas, um maço de papel em branco, dois vidros de tinta e canetas de cinco pontas para traçar os pentagramas. Ao contrário dele, não levava nada escrito.

Ela iria para a Capital da Província ao Sul, agora em poder do Império. Lá o aguardaria. Se permitissem mulheres no exército, ela estaria junto dele todo o tempo. Ignorou, com um erguer displicente de ombros e um sorrir de troça, a afirmativa de Joaquim José, de que ela iria receber apenas um cadáver para enterrar.

Nessa noite ardente e forte, com um céu de estrelas, caminharam juntos, abraçados. Saíram da cidade. Viram um meteoro.

– Os antigos – ele apontava – diziam que os astros, girando em torno da Terra, produziam uma música que só os deuses escutavam.

– Você sabe tudo.

– Aprendi com alguém que morreu em Vila Rica.

– Você deve ser muito agradecido a Bento Arruda Bulcão.

Joaquim José de imediato pediu que voltassem.

Amanhã começaria a longa viagem de ambos. No Rio de Janeiro se separariam, prevendo se reencontrarem na Capital da Província ao Sul.

XII

"Músicos são privilegiados", assim ele pensava no tombadilho do barco que evitava o baixio no porto de Rio Pardo. As autoridades acharam que a melhor banda militar do país daria ânimo à gente legalista. Custavam a atracar. Vieram embarcados desde o Rio de Janeiro, enquanto o grosso do 2º de Caçadores teve de padecer na infantaria.

Os rebeldes aturdiam as tropas e as cidades fiéis ao governo. Fazia três anos que o conflito alastrava-se pela Província meridional. Isso era mau, porque os vizinhos castelhanos iriam aproveitar-se.

Era uma região inóspita e solene. As solidões do pampa deixavam melancólicos os soldados legalistas. Não imaginavam que no mundo houvesse um lugar tão remoto, de tanto frio, tão deserto e tão plano. O frio rachava os lábios, as mãos e os pés, quebrava o couro das botas. Os campos amanheciam cobertos de geada. Se chovesse, a água empoçada transformava-se em gelo durante a noite. E ainda era maio.

A cidade, próspera pelo comércio, ficava numa elevação na confluência de dois rios, no coração da Província. Era uma praça-forte estratégica para o governo. Precisava ser mantida.

A banda chegava em má hora. Os revolucionários preparavam-se para atacar a cidade, e a única forma de a banda chegar à guarnição era pelo rio. A cidade estava cercada pelos melhores comandantes rebeldes.

Conseguiram um bom lugar e atracaram. Os embarcadiços jogavam cordas que eram apanhadas pelos homens de terra. Os músicos apuravam os ouvidos e conseguiam escutar algumas rajadas de tiros a distância. Paralisavam-se.

XIII

"O que a música tem a ver com a guerra?", perguntava-se o Sargento-Mestre Joaquim José de Mendanha, pronto para dormir num aposento da Casa da Câmara. Ele iria dormir vestido, no chão lustroso, tal como os outros músicos. A manta que lhe deram não o impedia de rilhar os dentes.

Acordou. Sentou-se, pegou a moringa ao lado. Serviu-se de água. Olhando para fora, viu um céu de raras estrelas. Alguns tiros ecoavam ao longe. "São os rebeldes se exercitando": quando lhe disseram isso, à tarde, ele pensara na morte, na sua morte. Fora um sentimento absurdo.

Sentia falta de Pilar. Fazia meses que se despedira dela. Enquanto ele tivesse esse desejo, estaria vivo.

Conforme o acertado, ela o esperava na Capital da Província. Quando acabasse a guerra, viveriam no Sul.

Levantou-se quando havia sol. Foi ao pátio da Câmara, inspirou o ar da manhã e mandou que acordassem os músicos. Queria ensaiar antes que o frio lhes enregelasse as mãos.

Nada aconteceu por três dias. A bandeira imperial continuava alçada no topo do telhado da Câmara. Os rebeldes esperavam reforços.

XIV

Ele viu um prisioneiro. Parou.

O homem estava no centro do pátio da Câmara. Tinha um soldado à esquerda e outro à direita. Era um civil armado às pressas. Esse homem ostentava uma áspera dignidade, um orgulho lento e republicano. O olhar confundia seus custódios. Os soldados imperiais o cercavam. "Fale", diziam.

O Sargento-Mestre Mendanha, sabendo que para algo serviria seu posto, intercedeu junto ao Coronel para que libertassem o prisioneiro. O Coronel mandou-o cuidar das cornetas e das flautas. De volta ao pátio, Mendanha reuniu sua banda e mandou que tocassem o Hino da Carta, com o qual se saudava o Imperador.

Quando terminaram, ele observou o prisioneiro. O Sargento-Mestre Mendanha sentiu por aquele homem um fascínio e o desejo de conhecê-lo melhor. Perguntou-lhe o nome, o posto, de onde era. O prisioneiro nada falou.

– Você também perdeu alguma coisa, sei – Mendanha disse-lhe depois. – Eu perdi a minha música.

O prisioneiro jamais falaria.

XV

Entardecia. Ouviam algumas rajadas. O ataque dos rebeldes seria no dia seguinte; quem sabe, naquela noite.

Ele foi à janela. Não era tão frio. Perpassava uma aragem apenas suficiente para eriçar de leve os pêlos dos braços. Ele sentia o aroma doce das púrpuras quaresmeiras. Em seus ramos, besouros procuravam lagartas. A aragem oscilava os ramos das quaresmeiras. Os besouros voavam para os ramos de outras árvores. Eram os últimos dias do tempo que prepara o inverno, essa estação em que tudo cessa e dorme ao Sul.

As águas, vazios os receptáculos das chuvas, afastavam-se das fontes num deslizar imóvel.

XVI

Ele fechou a janela e foi abrigar-se. Estava tonto com os tiros que vinham do escuro. Houve uma pausa, um silêncio repentino. Deitou-se no chão e aos poucos os olhos se fecharam.

Nada mais teria para ser visto a não ser o negror da noite que se instalava nos campos.

Foi acordado por feroz tiroteio nas imediações. Naquele instante, não importava se fogo inimigo ou dos legalistas. Era um sono feroz, com sonhos dispersos, em que os tiros eram a moldura. Havia muitos tiros no sonho.

Acordou de novo, desta vez com um pontapé. Começava a clarear e ele via um gigante barbado à sua frente. Era um rebelde.

– Acorde. – O gigante tinha as pernas bem abertas. – Quem é você?

Mendanha disse o nome e a unidade, acrescentando "músico". Ele soube que o procuravam e que a cidade fora tomada pelos rebeldes. Toda a banda, inclusive ele, era prisioneira. Logo estava em frente a um grupo de rebeldes, sentados à volta de uma mesa. Eles comiam abóbora e charque.

– Então você é o Mestre da banda?

Os outros riam. Mendanha mantinha-se sério.

– Pois preso estou. Vai me fuzilar?

– Não. – O outro, que se apresentou como Coronel-Comandante, disse-lhe que fuzilar o Mestre junto com toda a banda seria um ato justo mas pouco inteligente. Tinha uma forma de resolver o assunto: o Mestre que passasse para o lado dos rebeldes e que escrevesse o hino da República. Assim a República ficava com seu hino e os músicos com suas vidas. Qual a resposta?

– Em qual tonalidade querem o hino?

Riram:

– Qualquer uma.

Mendanha soube que os músicos são, ao mesmo tempo, os mais desprezíveis numa guerra, a ponto de serem indignos de fuzilamento, mas também os mais necessários.

XVII

Mas o que é um hino? Mendanha baixou a cabeça sobre o papel pautado. Basta um compasso marcial, duas frases de música épica e está pronto. Escrever músicas épicas é mais fácil do que músicas do coração. Ninguém, muito menos os coronéis, sabia disso.

E o Padre-Mestre abençoaria a escrita daquele hino. Não haveria exageros de talento. Mendanha sorriu sem estar alegre. Terminou o hino, concluiu: salvava a própria vida e as vidas dos seus músicos. Os chefes rebeldes pediam pouco em troca. Sem o saber, Mendanha escrevia seu destino pelos próximos quarenta anos.

Ensaiado o hino, a oficialidade reuniu-se no salão de honra da Câmara. Sentaram-se. Quando os músicos começaram a tocar, os oficiais se levantaram. Alguns faziam continência.

Depois das palmas, o Coronel-Comandante chegou-se a Mendanha:

– Nem merecemos tanto. – Nos seus olhos tremia um brilho que, não fosse no olho de um militar, poderia ser uma lágrima. – Agora temos um hino.

"Uma ninharia que eu compus em duas horas", Mendanha poderia dizer, não fosse a sua precária situação. "Se o Imperador me pedisse um hino, eu o teria composto da mesma forma. A quem perdeu para sempre a sua música, qualquer outra música é lucro."

XVIII

Estavam acampados. Era noite. Ele escutou um fragmento de música, quatro notas em seqüência: Dó, Sol, Ré, Lá. Esse fragmento, essa música, lembrou-lhe a mesma sucessão de notas que abria uma secção da sua cantata e que era a afinação das quatro cordas do violoncelo e da viola. Recostou-se de encontro à lona da barraca. Seu companheiro dormia.

A seqüência das notas se repetiu, em sucessão descendente. Ele saiu da barraca e foi à procura. No acampamento viam-se duas luzes: numa estava a sentinela, em seu quarto de hora. Na outra, que era a luz de um lampião de campanha, um soldado tocava a flauta. Mendanha perguntou-lhe o nome.

– Maestro Bandeira.

Mendanha quis saber de onde era. Bandeira pediu licença, levantou-se, pôs o chapéu e caminhou até desaparecer na escuridão da noite. Foi a única vez que o viu. Procurou por ele no dia seguinte e no outro. Procurou durante o tempo em que serviu aos rebeldes. Procurou depois na Capital da Província.

Procurou-o por quarenta anos.

XIX

Essa guerra singular evitava o Sargento-Mestre Mendanha e seus músicos. Se a tropa rebelde ia para o norte, os legalistas iam para o sul. Marchavam pelo pampa. Paravam em barracas, mas às vezes um estancieiro os acolhia. O Coronel-Comandante vivia irado e de maneira gradual sua tropa se desmoralizava. Os legalistas não tinham pressa. Esperavam que os rebeldes se rendessem pelo frio e pela fome.

O Sargento-Mestre Mendanha fazia sua banda tocar para o vento. No vento a música alcança paragens esquecidas dos homens.

Os músicos desejavam voltar para o Rio de Janeiro. Um deles morreu de saudade. Os demais queriam que o Sargento-Mestre Mendanha fosse pedir ao Coronel-Comandante que os libertasse.

– Já muito fiz isso – ele respondeu. – O homem é irredutível.

Quanto ao hino, executou-o em duas ocasiões, mas ele não tinha a força para animar a tropa rebelde.

XX

Mendanha caminhara para um ponto distante de sua tropa. Agora estava de pé, olhando para o pampa. O sol caía entre as coxilhas. Ele se maravilhava com a inclinação do sol. Só aqui o sol muda tanto em seu rumo. Só aqui as sombras humanas são um prolongamento natural das pessoas que as provocam. Embora sem lógica, este é um pensamento verdadeiro para os que aqui habitam.

O vento era apenas o suficiente para movimentar os fios verdes dos pastos. Ele sentia todos os aromas do entardecer. Quanto mais olhava para o Sul, mais perdido se achava. Aqui sim, era o mais distante de tudo, o lugar que ele desejou para si.

Soou a desafinada corneta, convocando para a refeição.

Ele preferiu retardar-se. Deitou-se na grama, as mãos sobre o ventre. Passavam sobre si os últimos quero-queros e as últimas nuvens. As corujas saíam de suas tocas. Ele não escutou o vôo das corujas: as asas são silenciosas.

E assim foi ele o primeiro homem no mundo a ver a majestosa noite descer sobre o pampa. No início, apenas a gradativa perda da luz. Depois, surgiu a torrente luminosa da Via Láctea. Ao alto, sobre sua cabeça, luziu a estrela Antares, com o brilho vermelho e parado, denso de presságios.

Também foi ele o primeiro homem a escutar a harmonia das esferas, privilégio de quem se perdeu na geografia do pampa.

XXI

Em pouco tempo, porque essa guerra se desenrolava no pampa, e o pampa pode ser lugar de inesperados encontros, o Sargento-Mestre Mendanha foi de novo preso, dessa vez pelos legalistas. O chefe legalista pediu-lhe para unir-se de novo às tropas leais. Como músicos não têm que pensar senão em sua música, devendo esquecer-se de que vivem num país com política, o Sargento-Mestre concordou. Os músicos concordaram.

– E quanto àquele seu hino – disse o chefe – é bonito. Mas em seu próprio interesse, proíbo-o de executá-lo.

Mendanha foi remetido para a Capital da Província, cidade ainda e para sempre fiel ao governo.

Chegaram à Capital à tarde, por barco. Ventava do Sul. O inverno nunca fora tão forte. As mãos ficavam azuis.

No porto da Alfândega estavam todos os moradores da Capital. Levavam as mãos em pala sobre os olhos. Tentavam identificar a embarcação que trazia a banda.

Mesmo frio, havia uma luminosidade dourada no céu, era a luz do Sul, a que Mendanha se acostumava. A implantação da cidade, pousada sobre o imenso rio, era um quadro.

Mendanha olhava para o cais. Tentava descobrir Pilar. Não a encontrava. Até que a percebeu. Desceu do barco, olharam-se. Ele largou o baú. Abraçaram-se de olhos fechados. Depois ela afastou o corpo, para vê-lo. Olhou-o desde a testa até as botas sujas.

– É ele mesmo – disse assim.

Uma hora depois, entravam na pequena casa na Praça da Matriz, o lugar mais alto da Capital. Uma porta e duas janelas, pequena, suficiente.

Ela o observava.

Ele corria os olhos. Duas pequenas cadeiras de palhinha. Uma singela marquesa para dois lugares. A mesa, o aparador modesto, com um vaso de açucenas. Na parede, um calendário. Pela porta ao lado, viu a saleta e o milagre: o piano. Ele, sem tirar o chapéu militar, foi até lá. Sentou-se. Era um Pleyel. Usado mas lustroso, recendente a óleo de amêndoas.

Experimentou-o. Um acorde de Sol maior.

O pé forte no pedal, o acorde soava, ampliando as dependências da casa. Manteve o pé no pedal, até o som se extinguir.

Ele baixou a cabeça com vagar, sustentou-a com as mãos. Pilar tocou seus cabelos, trouxe-o para junto de seu peito. Assim ficaram.

O sino da Matriz, sem pressa e muito em paz, soou seis da tarde.

O homem da carroça que trouxera o baú, cansado de esperar, veio pedir o pagamento.

– Pilar. Você merece seu nome.

– E esta cidade é como você queria: longe.

Joaquim José de Mendanha foi pagar o homem. Ao lhe dar o dinheiro, olhou para as torres. Também eram como num quadro. Um quadro feliz.

Sim, aqui era longe.

XXII

– Não há compositores na Província? – ele precisava de alguém para conversar.

– Não, Sargento-Mestre Mendanha. – A expressão do interlocutor era de troça: – Aqui todos são gente séria.

Em dois dias ele confirmava não haver compositores no Sul. O pároco apresentou-se e lhe ofereceu o posto de Mestre de Música da Matriz, "desde que o senhor abandone o Exército, pois isto aqui está sempre em guerra".

Livrar-se do ridículo fardamento e pedir sua baixa foi obra da mesma manhã. Um alívio para a guarnição, que não sabia como agir com aquele Sargento-Mestre suspeito de deslealdade.

À tarde, ele subiu ao coro alto da Matriz e experimentou o órgão de tubos, de dois teclados. Fez algumas escalas. Apresentava problemas, o órgão, mas tinham conserto. Abriu o armário das músicas, de onde saiu um pequeno rato. Viu ladainhas, novenas, missas. Mozart, Haydn e, espanto: algumas peças de José Maurício Nunes Garcia. Eram partituras para órgão. Existiam poucas partituras para orquestra.

Muitas semanas passou instrumentando, ao mesmo tempo em que incorporava músicos de sua banda militar. Conseguiu outros músicos. Pilar desdobrava as partituras com sua letra impecável.

Formou uma orquestra. Em três meses possuía um coral de vozes mistas. Em quatro meses a orquestra e coral apresentavam-se na festa da Santíssima Trindade com a *Missa a cinco vozes*, do Mestre André da Silva Gomes.

Em um ano sentia-se dono de sua vida.

XXIII

E eis o ex-Sargento-Mestre Mendanha, civil, transformado para sempre em Maestro Mendanha, tocando nas cerimônias da Matriz, dando aulas, criando orquestras de variedades.

Atuava em bailes populares e da aristocracia, regendo valsas e tocando violino.

Todos o imaginavam muito feliz.

Depois de um tempo, cessou a guerra que o trouxera ao Sul. "Paz com honra para ambas as partes em luta", assim disseram. O chefe rebelde, antes um belo homem, retirou-se para sua estância, onde iria definhar, envelhecido, feio, desventurado, pobre. Morreu, por fim. Disso o Maestro Mendanha não soube.

Sem a sombra da guerra, as pessoas podiam falar em outras coisas. Alguém lembrou do hino rebelde que o Maestro Mendanha compusera e que não podia ser executado sob pena de prisão.

Quem primeiro encomendou-lhe um hino foi a gentil dama D. Maria Manuela da Câmara Canto e Castro, para a Associação das Filhas do Calvário. Depois de vencer o constrangimento, ela pediu:

– Um hino bem bonito. – Perante o olhar estático do Maestro Mendanha, arriscou: – E, se não se importasse, que as senhoras da associação possam cantar sem muito estudo.

Ele fez que sim com a cabeça. Evitou falar: se dissesse algo, seria não. Aceitou, também em silêncio, o adiantamento em dinheiro que a gentil dama lhe oferecia. Foi para casa com o dinheiro no bolso. Frente a Pilar, ele depositou em silêncio sobre a mesa as duas cédulas do Tesouro e as quatro moedas. Explicou-lhe a origem. Ela olhou aquele dinheiro.

– Pode recolhê-lo, Pilar. – E nunca mais repetiu essa frase. Ambos entenderam que ela não deveria ser repetida.

XXIV

Em poucos anos Mendanha considerava-se do Sul. Entendia a áspera meteorologia do Sul. Passou a atentar para os termômetros e barômetros. A cada dia anotava a temperatura do amanhecer. Era um homem na força da idade. Havia composto onze hinos.

Adquirira alunos. Ganhava com as aulas tanto quanto na Matriz. Isso, somado aos bailes e aos concertos privados, permitiu-lhe aumentar a casa para os fundos.

Foi informado da morte da mãe no momento em que terminava a composição da Missa de Mortos. Dedicou-a a ela, embora a mãe fosse tão distante de si como uma bisavó que não pudemos conhecer. Durante um mês lembrou-se dela. Durante um ano usou a faixa de crepe negro no braço. Esqueceu-a, como acontece a todos.

Não adquiriu o hábito de fumar, mas se excedia no vinho à noite, quando gostava de ler o seu Sêneca.

XXV

O que pensavam dele.

Gomes Teixeira, comerciante e deputado provincial: o nosso Maestro Mendanha é o maior compositor de hinos de todos os tempos. Escreveu um maravilhoso para a Sociedade Ateneu, outro para a Escola das Meninas e mais um para Associação dos Contabilistas. É um verdadeiro gênio, que merece todas as honras que o poder público pode conceder a um homem.

Ambrósio Gomes Peixoto, participante do coro da Catedral: é um bom maestro, o melhor da Província. Conhece música a fundo. Quando levanta a mão para reger, todos ficam quietos. Escolhe repertório dos mais famosos, como músicas de Mozart e algumas velharias do professor dele, o Padre-Mestre José Maurício Nunes Garcia. Uma vez ele parou o ensaio do Kyrie da Missa de Natal de José Maurício e, incomodado não se sabe o porquê, mandou todos embora. Ficou tocando no pequeno harmônio. Tentava várias frases musicais, coisas novas, como quem tateia no escuro, mas nenhuma o contentava. Ouvimos um ah! de puro desagrado. No dia seguinte, quando perguntamos se ele estava bem, respondeu: "Não se preocupem".

Ildefonso Pacheco, guarda-noturno da região do centro: aquela janela quase sempre está iluminada de noite. O Maestro Mendanha é um ótimo homem. Num domingo me pediu que entrasse. Sentou-me ao lado do piano. E me tocou uma música. Pediu-me para prestar atenção. Uma música que ele começou e logo parou. Disse que não se lembrava do resto e por isso era um homem desgraçado. Depois disse que eu podia ir embora e ainda me deu um troco pela paciência de ficar escutando.

Doutor Vitorino Almeida, seu médico: a saúde do Maestro Mendanha é excelente. Mas vive preocupado em morrer do coração. Coração é o que se sabe: bate, um dia deixa de bater. Gosto dos hinos dele.

Manfred Schmidt, alemão do Bayern, tocador de oboé na orquestra da Catedral: sei que ele terá muito mais idéias musicais do que parece ter. Não é possível que não tenha.

Padre Sílvio Antônio, vigário da igreja da Conceição: o Maestro Mendanha é um destemperado. Fui encomendar-lhe um hino para a Congregação dos Servos de Maria e só faltou me estrangular. Depois mandou pedir desculpas numa carta enorme e junto mandou o hino. Se ele fosse uma pessoa comum como as outras, muito mais poderia trabalhar pela música.

XXVI

Houve a grande festa anual. A Capital ao Sul recebia os moradores dos subúrbios e dos arraiais. Mendanha brilhava com sua orquestra de meninas, no coreto erigido ao centro da praça. Era uma data da pátria.

Mendanha executou o Hino Nacional. A bandeira ainda possuía, em vez do globo em azul e do dístico positivista, as armas imperiais encimadas pela coroa da Monarquia.

Como sempre lhe exigiam, regeu em seqüência alguns de seus hinos mais conhecidos: da Câmara de Vereadores, da Legião do Sagrado Coração de Jesus, da Liga dos Livre-Atiradores Alemães, da Sociedade de Ginástica, do Ateneu Literário, da Associação dos Contabilistas, dos Jogos Florais e do Liceu Americano. Sempre havia poetas a oferecerem-lhe suas criações românticas.

No final, regeu o hino dos rebeldes, por ele composto fazia décadas e que era já tolerado pelas autoridades, desde que não fosse cantado pelo povo. As pessoas iam imaginando a letra.

Ao regê-lo neste ano, Mendanha foi acudido por seus músicos. Queixava-se de tontura e de palpitação. Levaram-no desmaiado para a Santa Casa. Atendeu-o o Doutor Vitorino Almeida, que estivera antes na praça.

Quando lhe tirou o sangue, aparando-o numa bacia esmaltada, o médico foi muito espirituoso:

– Espero que junto com esse sangue, Maestro, eu não lhe esteja tirando a sua arte.

O Doutor Vitorino Almeida não soube como interpretar o sorriso do seu paciente.

XXVII

Os olhos enfraqueceram. Deu-se na botica, escolhendo óculos para ler. Comprou um lampião de acetileno, que dava uma luz tão branca que parecia azul. Assim lia melhor. Mas usar óculos é uma interferência nas leis da natureza, assim como tomar aspirinas.

Quando a igreja Matriz passou a Catedral, houve a cerimônia de entronização do primeiro bispo. O Maestro Mendanha compôs a *Missa Solene* para orquestra, dois coros e quatro solistas vocais.

Na visita do Monarca a Porto Alegre, quando Mendanha recebeu uma condecoração, o bispo lhe encomendara um *Te Deum* "da maior solenidade possível, afinal" – disse o prelado, não sem ironia – "isso não é difícil a quem compõe tantos hinos". O bispo, por infelicidade, era muito inteligente.

Pediam-lhe músicas que ele compunha sem muito pensar. Eram modulações e acordes de acordo com as estritas regras musicais. Quando começava a escrever, de antemão sabia o compasso 30 e o fim da música. Apoiava o rosto na mão. Sua bochecha ficava franzida, e os olhos, pequeninos.

Ao completar sessenta anos, retirou da estante do Sr. Vigário-Geral um volume do *De senectute*, de Cícero, numa tradução francesa.

Les heures, les jours, les mois, les années s'enfuient, le temps passé ne revient jamais, et on ne sait pas de quoi l'avenir est fait; chacun doit se contenter du temps que lui est donné. E Mendanha, mesmo não acreditando nisso, queria acreditar. Algo lhe faltava para tanto.

O bom escritor é o que diz aquilo que pensamos – ou que julgávamos pensar. E são poucos. As pessoas que lêem demais ficam cínicas ou cabotinas, perdendo a ilusão da vida.

XXVIII

– Falaram-nos muito bem do senhor – disse o Monarca no plural, como de protocolo dizem os príncipes quando lhe apresentam alguém. Era no palácio do governo da Província ao Sul. O Monarca tinha líquidos olhos azuis em que aparecia uma vaga tristeza. Vinha ao Sul por causa de nova guerra contra os castelhanos. A fórmula também era do protocolo:

– Receba, Maestro Joaquim José de Mendanha, a insígnia do grau de cavaleiro da Ordem da Rosa, que lhe concedemos em reconhecimento por seu trabalho em prol da música.

Mendanha parava-se ereto. Sentiu o alfinete do broche da Ordem da Rosa cravar-se em seu peito. O Monarca percebeu e desculpou-se.

– Não é nada, Majestade. Vi Vossa Majestade menino, um dia, a cavalo.

– Que curioso. Seja feliz, Maestro Mendanha, e continue nos encantando com sua arte.

– Não sou artista, Majestade.

– Modéstia sua. Quanto a ter escrito aquela música dos rebeldes, aquilo, o que era, mesmo?

– O hino.

– O hino. Mas nós lhe perdoamos. Disseram-nos, aliás, que o senhor compõe hinos como ninguém.

– Isso mostra que não sou artista.

O Monarca fez um ar intrigado, mas o conduziam para adiante. De longe, ainda olhava para o Maestro.

Mendanha foi o primeiro a sair do palácio. Escondeu-se em sua casa, de onde assistiu à queima de girândolas e ao espocar de foguetes.

Aquilo tudo era muito estranho. Pilar estava a seu lado e apertava sua mão.

XXIX

Ele pousou os dedos no teclado do Pleyel. Gesto sem malícia, espantou-se com o que escutou. Era um acorde de quinta aumentada, que depois seria muito usada por Debussy e seguidores impressionistas, até Maurice Ravel, em pleno século XX.

Não entendeu o que escutara. Ficou perturbado. Ocorreu-lhe uma fantasia. Aquele som trazia até seus ouvidos uma reminiscência de paisagem nunca vista, o clarão da lua sobre ciprestes funerários, um vento de sortilégios.

Pilar apareceu à porta do gabinete.

– Você está bem?

Joaquim José assustou-se. Fechou o tampo do teclado.

– Sim.

A noite foi difícil. Levantou-se, veio pelo corredor até a porta da rua, abriu-a: a lua era imóvel sobre a praça, no céu gelado do Sul. A palidez lunar desfazia os pormenores e ele contemplava as formas essenciais das coisas.

E aquele acorde ocorria-lhe a cada instante.

Deus, contudo, conhece todas as escalas e todos os acordes.

XXX

Em 3 de novembro de 1868 morria Rossini, em Passy, à vista do Mont Blanc.

Esse mesmo dia 3 de novembro de 1868 foi assim para o Mestre de Música:

Manhã

Acordou. Fazia frio, mesmo sendo primavera. Foi para a cozinha. Pegou do armário duas fatias de pão e o leite. Arrumou tudo para si próprio. Pilar estivera fazendo cópias musicais até tarde da noite.

Sentou-se à mesa da cozinha. Lá fora clareava para um intenso azul. Sentia frio nos pés. Olhou-os: apresentavam pequeninas e ignoradas veias. De súbito um homem descobre que essas veias sempre existiram, revelando-se nos preâmbulos da velhice.

Bebeu o leite e comeu sem gosto as duas fatias de pão. Foi se vestir. Pôs todas as roupas de que dispunha, inclusive um velho cachecol, aquele presente de Adelaïde. Pensou, ainda, se não traía Pilar. Não. Usava o cachecol apenas por necessidade.

Às oito e meia pegou seu estojo com o bandolim e saiu. Quinze para as nove batia à porta de um oficial. Entrou, tirou o sobretudo, o cachecol. Dirigiu-se ao piano-armário da sala. Esperou. Pouco depois apareceu uma jovem de quatorze anos. Ele disse:

– Escalas são sempre boas para esquentar os dedos.

Com inalterável má vontade, a menina começou as escalas. Aos poucos o Maestro Mendanha sentiu-se cabecear. Acordou-se para dizer:

– Bom, está muito bom. Prossiga, agora com um exercício de Czerny.

– Pode ser este, em Sol?

Aquilo, o referir àquela nota, acordou-o:

– Não, em Sol não. Vá para o exercício seguinte.

A jovem começou a tocar. A incessante regularidade dos exercícios de Czerny tinha um poder hipnótico. O Maestro Mendanha firmou as espáduas na cadeira, segurou a cabeça com a mão direita. Todo ele parecia um caramujo estático e hipnotizado. A idéia vagava. "Não, em Sol não." Às dez horas ele recebia o pagamento da mãozinha perfumada da jovem. Pôs o cachecol, pegou o chapéu e saiu. Por sorte o tempo estava mais quente. Subiu a Ladeira, chegou à praça. Olhou para o céu. As torres da Catedral pareciam mover-se. Eram as nuvens que passavam por cima delas. Entrou na Sociedade Bailante. No palco do grande salão aguardava-o o Ramalhete Musical, composto por doze meninas com seus bandolins. Hoje ensaiariam uma valsa de Strauss, *Contos dos bosques de Viena*. Teriam apresentação no Natal.

O Maestro Mendanha abriu o estojo, pegou seu bandolim, bateu com o diapasão na cadeira e deu o Lá geral de afinação. Sentou-se à frente do semicírculo das meninas.

– E um, e dois, e três.

"De serrar as orelhas fora da cabeça", dissera um cronista, sobre a última apresentação do Ramalhete Musical. O Maestro Mendanha não se importara. Tocavam mal, mesmo. Cada qual gabava-se de possuir o bandolim mais bonito.

TARDE

Depois da breve sesta o Maestro Mendanha foi até o coro alto da Catedral. Alguns meninos da Escola Secundária tentavam, fazia um mês, interpretar o *Stabat Mater* de Rossini para as cerimônias da Semana Santa do ano seguinte. O Maestro Mendanha subiu ao órgão de foles, abriu a tampa dos teclados, experimentou algumas notas. Os meninos tinham uma expressão de enfado. Estavam ali para se livrarem das aulas de Aritmética. Queixavam-se do latim, que não entendiam. O Maestro Mendanha parou, incomodado:

– "Stabat Mater dolorosa juxta crucem lacrimosa dum pendebat Filium..." É igual ao português. O que vocês não entendem?

– Nada.

O Maestro Mendanha teve um gesto de impaciência, que nele se resumia a um alçar os olhos à busca de um perdão celeste.

– Escutem pela décima vez – e traduziu toda a letra. – E agora, sabem?

Ensaiaram. Os meninos estavam desatentos. Ao soar o último acorde, suspirou. Ficou feliz quando viu aquele bando de gralhas descer a escada do coro.

Quis concentrar-se em sua música, mas não conseguiu senão ir além de uns poucos acordes. Fechou o órgão. "Não estou com a veia." Isso o entristecia. Perdia-se a veia, com o tempo. Acontecera com o pai.

ENTARDECER

Era quarta-feira. Ele encontrou à espera o seu amigo de sempre, quase tão velho quanto ele. O amigo era um homem discreto, atarracado, os cabelos em desordem, aposentado dos Correios e amador do violino. Tinha forte semelhança com a máscara mortuária de Beethoven. Imaginava possuir ouvido absoluto. O amigo estava sentado na cadeira de sempre, junto à janela que se abria à Praça da Matriz. Cumprimentaram-se com um aceno. O Maestro Mendanha tirou o casaco e veio sentar-se à sua frente. Ficaram longo tempo olhando por sobre o peitoril. Com o decorrer dos anos já se haviam dito tudo.

Depois de meia hora, Pilar trouxe café. Mendanha recusou, como sempre. O amigo aceitou a xícara em silêncio.

Na rua soou o fonfom de uma carroça. Eles se olharam com mais intensidade. O Maestro Mendanha disse:

– Lá.

Passados algum minutos o aposentado dos Correios retrucou, num tom casual:

– Fá. – Largou a xícara. Levantou-se, foi ao piano. Bateu numa tecla. Ouviu-se um Fá. Não era a nota do fonfom.

O Maestro Mendanha sorriu.

Uma hora depois, o amigo levantou-se, pôs o chapéu.

– Até mais ver qualquer dia desses.

Sabiam, fazia anos, que seria na seguinte quarta-feira.

NOITE

Às sete e meia presidiu, no Teatro São Pedro, a mais uma sessão mensal da Sociedade de Música de Porto Alegre. Discutiram as próximas receitas com o Natal. Iriam equilibrar o orçamento. O carnaval daquele ano só trouxera despesas, pois alguns dos contratantes não haviam pago os músicos. O Tesoureiro tinha uma cara própria para balanços. O Maestro Mendanha olhava-o como a uma ilustração de revista. As vozes estavam muito longe, desfazendo-se na bruma de suas memórias.

Um pigarro forte do Secretário o despertou.

O Maestro Mendanha disse:

– Nada mais tendo a ser tratado, dou por encerrada a reunião – e tocou a sineta de mesa, afinada em Ré.

Em casa, ainda trabalhou num malfadado hino do Liceu Porto-Alegrense. Compasso binário, pronto, 1, 2, 1, 2, 1, 2. Jogou longe a pena. Recolheu-a, assustado da própria veemência. Precisava terminar o trabalho até a semana seguinte. Com o dinheiro do hino, compraria um armário para guardar as músicas.

Assim foi o dia 3 de novembro de 1868, o mesmo dia da morte de Rossini.

XXXI

Paris.

Morto Gioacchino Rossini, sua casa de 102 mil francos foi levada a leilão. Os mercadores de raridades acorreram na expectativa de encontrarem a partitura autógrafa de *O barbeiro de Sevilha*, mas a mais antiga era de *La scala di seta*, assim mesmo incompleta. Decepcionavam-se com as tantas receitas culinárias que surgiam dos armários. A casa mudou de dono e na penúltima década do século era seu proprietário o Barão de Frascata, apoiador de Léon Gambetta e de toda a incompetente III República. Para preservar o chique de habitar a vivenda de Rossini, o Barão de Frascata pouco alterou os cômodos, exibindo-os aos amigos. Até os quartos dos empregados permaneciam como na época do compositor. Era outra geração de empregados. A mulher de um deles, minuciosa, subiu a um banquinho para limpar o armário que, segundo ela diria, "estava com um tapete de pó". Descobriu ali um envelope, amarelado e sujo. Limpou-o com o espanador, limpou-o com um pano úmido. Como não sabia ler, entregou-o ao maître d'hôtel, que o deu ao Barão de Frascata. O Barão pôs lá dentro seus finos dedos anelados e retirou a partitura. Examinou aquilo. Havia um título pouco esclarecedor, havia um nome de homem, havia um texto sob o correr das pautas musicais, escritos em espanhol. Mais tarde saberia tratar-se, de fato, de português. Era música para solistas e coral. Olhou para o sobrescrito do envelope, era destinado a Rossini. O remetente era Charles de Lavasseur, e vinha do Brasil. O nome não lhe dizia nada. À tarde, o Barão foi ao Café l'Aurore sob os arcos do Palais Royal. As castanheiras estavam floridas. Levava a partitura dentro de uma pasta. Encontrando André Martin, do *Le Figaro*, convidou-o a sentar-se a uma das mesas de mármore. Juntou-se a eles o conhecido Cartier, o das jóias. Beberam, falaram sobre política. Antes de oferecer-se para pagar a conta, o Barão limpou os lábios com o guardanapo de linho e pediu ao garçom que retirasse as xícaras. Depôs sobre a mesa a partitura achada em sua casa. Cartier mostrou desinteresse. André Martin ficou atento. Na semana seguinte, o Barão de Frascata entregou o envelope ao próprio Gambetta, que acumulava o Ministério dos Negócios Estrangeiros. No dia posterior o envelope era depositado na mesa de trabalho do embaixador brasileiro em Paris.

Em meio ano o envelope, acompanhado de um ofício, chegava à Chancelaria no Rio de Janeiro. Pedido de embaixador, puseram-se à cata das pistas de Charles de Lavasseur. Aos poucos o caminho foi-se delineando: Vila Rica, o velhíssimo Presidente da Câmara de Vila Rica, quartéis, quartel do 2º Batalhão de Caçadores. Quando o itinerário parecia não dar em nada, o soldado-músico reformado Francisco das Chagas pôs o dedo indicador na testa. Fechou os olhos, concentrou-se. Então disse que, sim, conhecera o Sargento-Mestre Joaquim José de Mendanha.

– A última notícia dava-o como Mestre de Música em Porto Alegre.

O jornalista André Martin, que acompanhara como uma sombra esse trajeto, telegrafou exultante ao jornal *A Federação*, comunicando a próxima chegada do pacote. Pedia a seus colegas desconhecidos que procurassem o autor e mandassem a notícia. Ele a divulgaria no *Le Figaro* e, portanto, para o mundo.

XXXII

Esquecia-se, agora.

Antes, eram apenas distrações. A distração tem a ver com o espírito concentrado, atento àquilo que o ocupa. Mas logo eram esquecimentos vulgares, já uma doença de velhos. Seus bolsos enchiam-se de papeizinhos com recados para si mesmo.

Ele foi por uma rua e acabou noutra, certo de que caminhava pela rua certa. Perguntou a um passante onde se achava. O passante, um paroquiano, conduziu-o até a escada que sobe ao adro da Catedral.

– Aqui o senhor está em casa.

– Não. Estou na igreja.

Entrou, ajoelhou-se, persignou-se, subiu ao coro alto.

Lá, uma surpresa que ele não manifestou. Esperavam-no para o ensaio. A obra era dele, um *Laudate pueri*. Abriu a partitura e regeu até o fim.

Vieram cumprimentá-lo. O violino *spalla* disse-lhe que era música superior.

– Ora, qualquer um dos senhores poderia ter escrito. Além do mais, não descobriram que eu escrevi isso há vinte anos, e que os primeiros oito compassos foram roubados do Padre-Mestre José Maurício Nunes Garcia.

Riram. Nada do que ele falava merecia crédito.

– Pilar – disse, já em casa –, descobri que um velho nem pode falar a verdade.

XXXIII

Ele chegou em casa e mostrou a bengala com o castão representando um grifo. Comprara-a. Doravante iria usá-la. Não era mesmo bonita?

– Não lhe fica mal – era Pilar.

Descobriu, para além disso, outros efeitos benéficos da bengala: as carroças paravam, as pessoas davam lugar na calçada. As crianças vinham pedir-lhe a bênção. E ele as abençoava, como se fosse um padre.

Numa tarde essas crianças penduraram-lhe nas costas do casaco uma fita de panos coloridos, e assim ele apareceu em casa. Pilar, rápida e compassiva, retirou-lhe a fita, escondendo-a atrás da poltrona. Tomou o rosto do esposo entre as mãos. Beijou-lhe a face.

Ele foi praticar no Pleyel, que a cada mês ficava mais avariado. Pilar chamara o afinador e hoje tivera a notícia de que amanhã ele viria.

– Avise o homem que ele não precisa vir – ele disse. – Não vale a pena. Eu posso imaginar as notas. – Virou-se para Pilar. – As únicas notas que não consigo imaginar são aquelas da música que eu procuro. Estou ficando velho. Não posso me apresentar perante Deus apenas com esses hinos.

Nunca mais haviam falado naquilo, na cantata. Agora Pilar chegava à certeza que, tal como ela, Joaquim José pensara naquela música perdida todos os dias.

Joaquim José voltou-se para o piano.

– Quem sabe a sua música está a caminho? – ela disse.

Ele suspendeu um acorde:

– O que você sabe?

– O que sei é: um homem não pode morrer assim, faltando algo.

Ele não concluiu o acorde. Ficou de costas, pendendo sobre o teclado. Ficou até que veio a noite e Pilar o conduziu para a cama.

XXXIV

Ela trabalhava desde a manhã desdobrando cópias da Missa Santa Cecília, de José Maurício Nunes Garcia. Mendanha quisera executá-la com a orquestra, coro e solistas da Catedral. Tinha motivo: aproximava-se o 22 de novembro. Dera-lhe a inspiração de tocar essa missa para homenagear a Santa.

Pilar procurou o *Benedictus* dentre o maço que o esposo lhe entregara. Não o encontrando, perguntou-lhe. Joaquim José saiu da cadeira junto à janela, esquecendo os óculos sobre a mesinha. Foi ao armário na sala. Veio de lá com uma caixa de papelão. Abriu-a. "Deve estar por aqui", murmurou. Ele premia os olhos.

– Achei, aqui está – mostrava uma partitura. – O *Benedictus*.

Pilar olhou a capa: era a *Cantata para o Padre-Mestre*. Não disse nada. Tomou a cantata como se fosse o *Benedictus*; à noite ela o procuraria.

"Como pode um homem manter tantos anos essa idéia?" – A cada dia Pilar se fazia mais perguntas sobre seu esposo. Sempre concluía que ele era muito submetido às suas amarguras e que tinha grande esperança no alívio da morte. Chegou vez em que ela até desejou-lhe a morte: ela seria uma desgraçada de tanta solidão e desespero, mas ele, em troca, estaria feliz. Não mais teria aquela idéia a torturá-lo.

A vida é comandada pela vontade das pessoas Só os acontecimentos incertos subvertem esses comandos. Os acontecimentos incertos, entretanto, são muito mais poderosos, muito mais desejáveis e até naturais do que as coisas pensadas. Pilar agora vivia à espera de um desses acasos. E ele teria de acontecer antes que José Joaquim penetrasse para sempre no precipício voraz da sua demência. A razão do esposo tornara-se tão frágil como uma folha prestes a desprender-se da árvore. Mais um pouco e ele deixaria de compor, deixaria de reconhecê-la, estaria perdido para a vida e para a arte.

Pilar decidiu que ele precisava de um ajudante. Um Vice-Mestre de Música. Mais do que isso, precisava de quem entendesse os pensamentos que estavam prestes a abandonar o esposo.

O escolhido foi um músico jovem e preparado. Venerava o Maestro e desejava-lhe o posto. Fazia-lhe as vontades. Aprendia-lhe cada gesto ou palavra. Revelou-se bom no órgão, no piano e no violino. Usava o cabelo sobre os ombros. O nariz reto deixava-o um tribuno romano. Era muito gentil, muito educado. Estudara no Rio de Janeiro no Conservatório Imperial, com Francisco Manuel da Silva. Lamentava que o Maestro despendesse tantas energias escrevendo músicas de ocasião. Um dia disse-lhe isso.

– É só o que sei fazer – respondeu-lhe Mendanha. – Música de ocasião. Há muito que deixei de ser artista.

Com o tempo, entenderam-se. O Vice-Mestre de Música preenchia o que falhava na instrumentação e corrigia os equívocos. Imitava tão bem a letra de Mendanha que esta passava como sendo autêntica.

Mendanha lhe disse, quando desciam as escadas do coro alto:

– Não sei como terminar a instrumentação daquele *Agnus Dei*. Vamos precisar dele para o próximo ensaio. – E deixou transcorrer um silêncio até se despedirem.

Na seguinte quinta-feira, o *Agnus Dei* estava sobre o tampo do órgão. O Maestro Mendanha abriu-o. Seu olhar perpassou as páginas.

– Eis que está pronto o *Agnus Dei* – disse aos músicos que tomavam seus lugares. – Podemos ensaiar. – Chamou o Vice-Mestre de Música para seu lado: – Você soube adivinhar o que eu pensava para essa instrumentação.

– Não adivinhei, Maestro – disse o outro, com firmeza. – Eu imaginei.

Mendanha fixou-o. O Vice-Mestre de Música tinha os grandes olhos abertos da juventude.

Em suas pupilas se refletia a janela do coro.

XXXV

Ela chegou à sala para buscar as folhas de papel com as linhas impressas.

Joaquim José estava sentado à janela. Olhava para a praça. Havia pouco, fora embora o seu silencioso amigo.

Ele não percebeu a esposa. Sua cadeira de cedro tinha o assento e os braços lustrosos pelo roçar das calças e das mangas do seu roupão. Ele levava na cabeça um barrete turco com um pompom de seda colorida no topo.

Era o final de uma tarde de primavera. Era a festa de Todos os Santos, véspera do Dia dos Mortos. O vento arrastava o pó da praça, erguendo-o até a altura dos olhos. As escleróticas ficavam congestionadas. Havia uma imprecisão no ar, um estado provisório, algo sustentado no alto e que, a qualquer momento, poderia desabar sobre o mundo.

Os sons vinham de todos os lados. Mendanha escutava-os. Movia a cabeça para a direita, para a esquerda. A corneta do regimento na Rua da Praia elevava um toque que o vento trazia por ondas fragmentadas e indecifráveis. As orelhas de Mendanha, como as de todo velho, nunca cessaram de crescer. Isso o deixava com a aparência de um ser elementar. Ele pôs a mão em concha à volta da orelha.

– Pior do que tudo – ele falava para fora, para a praça – é não ter lembrança do que devo lembrar para morrer em paz e escutar minha música perfeita. – Fez uma pausa. – São eles que me impedem, os três que morreram. Há muito que eu sei: de nada adiantou vir para o Sul.

Ela se aproximou, beijou as palmas das mãos do esposo. Apanhou os papéis. Ouvia os sons da rua. Surgiam novos sons. A moda dos vendedores de cones de farinha doce trouxera para a praça o pléc-pléc-pléc monocórdio das matracas das Sextas-Feiras Santas. Mas isso eram ruídos.

Começavam os pássaros a voltar para suas árvores e o chilreio dos pardais era uma confusão.

Depois ouviu-se a escala da tosca flauta de Pã do afiador de tesouras; sempre a mesma escala, para sempre a mesma.

– Por quanto tempo ainda, Pilar? – A esposa atentou para o que ele dizia. – Por quanto tempo deverei escrever hinos, sempre os mesmos hinos, para sempre os mesmos? – Ele cruzou os braços. Suspirou, fazendo esforço para sustentar o próprio corpo. – Em Vila Rica, Bento Arruda Bulcão me disse que um hino nada tem a ver com a música. Já lhe falei disso?

– Não. – Ela evitou dizer: "sempre".

O fato era simples: eles viviam mais do que esperavam.

Ninguém imagina que usará uma bengala. Ninguém supõe que dormirá apenas cinco horas por noite. Ninguém desejaria considerar-se a mais feliz das criaturas pelo fato de, ao acordar, não sentir nenhuma dor. Ninguém quer ser um peso para a consciência e os braços dos outros.

Ninguém quer perder o uso da razão.

No sábado, madrugada alta, ele caminhava pela casa. Era um louco que caminhava. Pilar levantou-se, pôs um roupão sobre os ombros, perguntou-lhe o que lhe acontecia.

Ele não a reconheceu. Seus olhos miravam para além dela.

– Será essa, toda minha vida? Como é tarde. Como é tarde. Por que está tão escuro?

Ao amanhecer, ele esquecera da noite. Trabalhou como sempre. Ao voltar para casa, trouxe um raminho de camomila. Deu-o a Pilar. Acariciou-lhe o rosto. Não saberia dizer nada. Nem ela precisava escutar.

Na segunda-feira, durante o ensaio, esqueceu-se de virar a página da partitura. Não sabia em que ponto estavam. Fixava a partitura com olhos vazios. O primeiro-violinista, percebendo, veio para o pódio e retomou a música, levando-a até o fim.

Ao voltar-se para o Maestro, ele não estava mais lá.

XXXVI

Então os dois jornalistas de *A Federação* bateram à porta da casa do Maestro Mendanha. Entregaram-lhe um pacote a ele endereçado. Mendanha disse-lhes para entrarem. Que, por favor, ficassem à vontade na sala.

Ele foi para o gabinete, levando o pacote. Os dois jornalistas estenderam o pescoço, seguindo-o com o olhar.

No gabinete, pôs o pacote sobre a mesa de trabalho. Colocou os óculos e, inclinado, mãos às costas, observou-o. Examinou-o. O pacote apresentava sinais de que fora aberto. Gostou dos selos, com a efígie do Monarca. Iria descolá-los no vapor de uma chaleira, para sua coleção. O barbante era de boa qualidade. Ele ganhava tempo.

Abriu-o. Gostaria de ter mãos ainda firmes.

Revelou-se outro pacote, da Embaixada do Brasil em Paris, também com sinais de violação. Havia alguns carimbos oficiais.

Foi ao quarto e chamou Pilar. Com ela ao lado, abriu o pacote diplomático. Ali dentro, cheirando a pó e umidade, descobriu um calhamaço sem a sobrecapa.

A folha de rosto estava íntegra:

Olhai, Cidadãos do Mundo – Cantata.
Por Joaquim José de Mendanha.
Redução para piano, com indicação
dos instrumentos da partitura completa.

Mendanha piscava. Sentiu uma forte tontura e um enjôo. Algo cruzou por seus olhos, um açoite de fogo que se foi enovelando como baraços incandescentes. Sua vista falhou por um momento. Veio-lhe à cabeça, imediata e fugaz, a morte do pai, o que ele sentira sozinho, sem o consolo do filho, que gastava a vida tão distante.

Estendeu a mão. Com amor e vagar, passou-a sobre a folha.

Pela primeira vez ele percebia como o dorso de sua mão envelhecera. Essa visita do passado levava-o de retorno a Itabira do Campo, a Vila Rica, a Bento Arruda Bulcão, ao Rio de Janeiro, ao Padre-Mestre José Maurício Nunes Garcia. Ele contou as décadas. Tudo isso, todas essas lembranças lhe diziam como fora longa sua espera.

Mas agora a roda dera um giro completo.

Notando algo extraordinário, os jornalistas acorreram da sala. Com força e delicadeza o Maestro Mendanha pediu-lhes que retornassem outro dia. Agradeceu-lhes o incômodo e pediu para voltarem daí a uma semana. Não, três dias. Mas não antes de três dias.

Voltou para o gabinete. A esposa olhava para a partitura. Virou-se para o marido.

Aproximaram-se um do outro. A sós estavam Joaquim José e Pilar, frente a frente. Ele procurou as mãos da mulher. Tocaram-se a testa, fecharam os olhos. Ficaram assim, imóveis. Nada se falavam. Sentiam a respiração do outro.

– Não chore – ela disse.

– Não há tempo – ele disse. E Joaquim José sentiu de novo o chicote de fogo que cortou sua retina e a primeira dor que, a partir daquele momento, ele sabia, significavam a iminência da morte. – Sei quem me mandou a minha música de volta.

– Quem?

– Eles. Os três. – Vacilavam os lábios dele. Ele os continha, mordendo-os.

Ela, repetindo um gesto de muitíssimos anos, numa noite em Itabira do Campo, com amor tapou-lhe a boca.

O guarda-noturno, em uma de suas caminhadas pela praça, notou que a luz daquela janela não se apagara durante toda a noite. Pensou em avisar os moradores. Desistiu, olhando pelo filtro da cortina que tanto o Maestro Mendanha como sua esposa permaneciam acordados.

Na volta da caminhada, o guarda viu que permaneciam no gabinete, conversando em tom baixo. Ele fez soar o silvo de seu apito, anunciando a madrugada e o fim do seu trabalho. Um dia claro não dá de comer a um guarda-noturno.

XXXVII

Explicou a Pilar que precisaria trabalhar depressa. Disse-lhe que o melhor lugar para isso era no coro alto da Catedral. Lá passara metade de sua vida. Lá estava o seu harmônio. Lá ele estaria sozinho para o que apenas ele saberia fazer: instrumentar a cantata, terminar o seu trabalho.

"Uma vez o Padre-Mestre, delirando, me perguntou se a música perfeita só seria escutada após a morte. Isso logo vou saber. Mas antes quero escrever essa música, quero que você a copie e que seja tocada pelos músicos que envelheceram comigo. Só assim eu dou um sentido a esses quarenta anos. Será um ato de soberba de minha parte, mas se o preço da soberba deve ser a minha morte, que seja" – isso ele diria a Pilar, caso a tempestade de sua alma o deixasse compor as palavras.

Ela o olhava apenas, de tanto que conhecia o esposo. Cedia àquilo que não poderia mudar:

– Vá.

Ele ainda disse que precisava muito dela, Pilar, para copiar as partes dos instrumentos. Mas precisava dela, mais do que tudo, para ter coragem.

– E depois disso não precisarei de mais nada.

XXXVIII

Estava no coro alto, era noite. Conseguira a chave e a licença. Cancelara todos os compromissos com a orquestra e com os alunos.

O interior da catedral parava-se quieto, nas trevas de seu silêncio perfumado a cedro. Fazia frio. Na capela-mor, do lado do evangelho, uma pequenina luz roxa. Era o pavio incandescente, imerso no azeite puríssimo.

Ele sentiu-se lúcido, mais lúcido do que sempre fora. Tudo era nítido agora, ele recuperava a profundeza da sua técnica e a docilidade de sua arte. Sua mente antes confusa limpava-se de seus entraves. Deus lhe restituíra a razão para que ele pudesse realizar o seu último trabalho.

A velha partitura da cantata era o guia. O lampião de acetileno a iluminava. Em todo o templo era a única luz destinada a um ser humano. A partitura para piano, intacta. Ali estavam preservadas suas idéias de quarenta anos antes, com seu atrevimento, quando sua mão era firme e quando ele era jovem e talvez belo. Ao enfrentar a instrumentação do Prelúdio, espantou-se de sua ingenuidade ao prever aquela orquestra. Teria de conter-se. Aquela música deveria ser possível para os executantes.

O Prelúdio levava-o de volta a um dia, na Rua Direita do Rio de Janeiro. Fazia muito calor. O Padre-Mestre tirara-o de um devaneio. A frase musical estava ali, fresca, escrita por sua mão juvenil. Cantarolou-a. A frase tornava-se nova a seus ouvidos.

Leu, na seqüência dos compassos, as dissonâncias que tanto exasperaram o Padre-Mestre. Agora ele poderia dar-lhe os timbres verdadeiros.

As idéias, mesmo escondidas dentro de si, voltaram tão pronto invocadas. Muito seria exigido do Vice-Mestre de Música, mas ele saberia bem o que fazer.

A partitura: as trompas exerciam função primordial, representando a pureza da terra antes de 1500. Eram trompas dissonantes.Lembrando dos perturbadores acordes de quintas aumentadas e daquele dia em que os descobrira no piano doméstico, usou-os numa escala das trompas. Só agora, nesta noite e neste frio, dava-se conta do quanto essas quintas eram a melhor escolha para a estranheza mágica das florestas intocadas.

Traçou, cortando os pentagramas no sentido vertical, a linha dos compassos. Escreveu, à esquerda, de cima para baixo, a sucessão dos instrumentos. Fechou os olhos e escutou aquilo que outrora não pôde escrever e que agora se entregava de modo tão simples à sua mão. Sua mente, agora plena em sua força, tornava tudo simples.

Terminou a instrumentação do Prelúdio quando era antemanhã, exaurido, mas desafogado. Agora sabia que, com a ajuda de Pilar, logo toda partitura estaria desdobrada em partes para os instrumentos da orquestra.

Dobrou os joelhos no genuflexório forrado de veludo sangüíneo. Sentiu a dor. Baixou a cabeça. Amparou a testa com a mão fechada. Qualquer um, olhando de baixo, pensaria que o Maestro estava rezando.

No caminho de casa, sentiu que seus pés pegavam-se ao chão.

Chegou, foi ao quarto do casal. Sentou-se na cama. Olhou para a esposa que dormia. Inclinou o corpo e, com delicadeza, como se não o quisesse fazer, despertou-a.

Tão logo ela abriu os olhos, ele lhe entregava:

– É o Prelúdio. Está pronto.

Ela soergueu-se, tomou a partitura, olhou-a. Sem nada dizer, levantou-se, preparou-se. Foi para o gabinete, abriu a partitura sobre a mesa de trabalho. Ele a seguira.

A visão de Pilar era hábil para o cumprimento desses deveres. Avaliou o olhar do esposo. Ainda que macerado pela velada noturna, era de um homem que havia recuperado por completo a razão.

– Tudo depende de você – ele disse.

– Eu agora começo a trabalhar. Tente dormir. Logo vem o dia.

XXXIX

Ao apagar a lamparina, ao deitar a cabeça no travesseiro, ele procurava entender. Causas banais tiveram o poder de levar para longe a sua música. Essas mesmas causas, ainda mais banais, frívolas, traziam-na de volta. Nenhum episódio grandioso acontecera, nenhum lance de epopéia – apenas um extravio e uma descoberta.

Ele, que vivia nos limites da tragédia, imaginara para si algum acontecimento grandioso, mas a vida dava-lhe apenas um rasteiro acaso. "Nada me foi poupado."

Os olhos fechavam de cansaço.

Num despertar súbito, ele acendeu a luz. Apercebera-se de tudo: o acaso e as banalidades eram parte de sua penitência. Depois de quatro décadas de aridez, essa era a última lição deles, os três, querendo dobrar o seu orgulho.

Apagou a luz. Tentou fechar os olhos. "Mas eu sou um artista."

O chicote de fogo ali estava, sob as pálpebras, enquanto ele repetia essa frase.

XL

A Primeira Parte. Adequou-se ao que dispunha. Mas não iria eliminar nenhuma das suas notas musicais. Ao contrário, iria acrescentar outras. Era a parte cantada pelo coro.

Pensou nos animais criados por Deus e que ele deveria trazer para sua música.

Tremolo: trêmulo – como o estado de suas mãos. Era a indicação de como o arco dos segundos violinos deveria deslizar pelas cordas. Era o vento nas asas dos pássaros, nas folhas das palmeiras.

O tamanduá-bandeira era o bicho próprio para o fagote e suas notas humorísticas. Pensou em Günther Kamdam, seu fagotista da orquestra da Catedral. Dava-lhe algumas notas difíceis. Tocá-las com apenas um ensaio seria uma proeza, não uma impossibilidade. Kamdam daria conta.

Agora, o coral. Conhecia todos seus integrantes. Alguns não liam música. Teriam de seguir os mais preparados.

Ao coral reservara os momentos mais sublimes, mas também os mais exultantes da glória da Criação. Destinou-lhe uma sucessão de escalas que rodopiavam, ascendentes, descendentes. Dezoito compassos inteiros de um portamento labiríntico, em que se exigiria ao máximo as vozes mais agudas, trinando numa altura poucas vezes alcançada.

Havia uma pausa. Um, dois, três segundos de espera. Um longo silêncio. Nada seria escutado.

Na Segunda Parte entravam os solistas vocais representando as raças que formaram o Império. Os três solistas se erguiam.

Os seus cantores-solistas, afora as disputas entre eles, conheciam música. Liam bem as partituras, mesmo de primeira vista. Superavam-se em conhecimento.

O tenor cantaria o homem branco, o que trouxe a Cruz e a Lei. Ele ousou pedir que o tenor fosse a seus limites, incluindo notas situadas a vários traços acima do pentagrama. E o tenor, o branco, cantaria, reconhecendo: *Que os mortos nos perdoem, pela vida / Que sobre as suas mortes construímos. / Nosso pecado foi amar a terra / Mais que o amor aos homens consentia.*

A contralto estava ali, com sua voz quente e grave, a cantar as dores dos escravos: *Porque menos que a morte não podia /Da própria morte em vida libertar-te.* Deu-lhe um acompanhamento de violoncelos em surdina e, persistente como um cantochão inexorável, batidas soturnas do tímpano a marcar cada sílaba.

XLI

Em casa, à noite, veio-lhe outra idéia, inesperada. Lembrou-se de dois versos do poema: *Que os mortos nos perdoem, pela vida / Que sobre suas mortes construímos.*

Já tivera uma sensação inquieta quando, fazia pouco, escrevera a instrumentação dessa passagem. Agora sabia: esse era o canto dele, Joaquim José. Ele era, sim, perdoado por seus três mortos. Aquele trecho era a expressão de seu sentimento.

XLII

Terceiro dia. Os índios representavam sempre uma voz forte, e por isso a entregava ao barítono. Mendanha resolveu dar uma atenção maior a uma de suas árias: *Ouvi os cantos, as suaves vozes /Que alegram nossas matas nos silêncios.*

Ele não podia parar. Era essa angústia que acelerava seu coração.

Tentou terminar naquele dia, não conseguiu.

Dedicaria o dia seguinte ao *Finale*.

XLIII

– Só me falta o *Finale*.

– Sei.

– Os dois jornalistas estão ali na praça.

Ele tomou a pasta com a sua cantata atada por um nastro azul, pegou a bengala e entreabriu a porta. Olhou. Os jornalistas o avistaram. Tiraram os chapéus e inclinaram as cabeças, respeitosos.

– Hoje é o último dia, Pilar. – Ele voltou, fechou a porta atrás de si, abraçou a esposa. – Espere-me acordada.

– Como sempre.

Ele abriu por completo a porta e foi ao encontro dos jornalistas. Um deles tinha no bolso a caderneta Moleskine, aquela das folhas presas por um elástico.

Era o dia 28 de agosto de 1885, às cinco da tarde.

DA ARTE DA CÓPIA MUSICAL: a partitura completa para orquestra é um livro longo no sentido vertical. É ele o que o maestro tem à frente. Uma sucessão de pentagramas. Um emaranhado que ganha sentido sob o olhar do músico.

Mesmo que leia ali: "violinos", "cellos", "contrabaixos", "flauta", "trompa", "tímbale", é descrente e vago o olhar do não-músico sobre uma partitura. Tal como é vago e descrente o olhar do enfermeiro sobre a estalactite.

Copiar a parte de cada instrumento, extraindo-a da partitura completa, é dar-lhe sentido individual, exclusivo para o músico que toca aquele instrumento. É dar-lhe a dignidade do único.

O músico de orquestra, quando tem a sua parte na estante, não sabe como soará o conjunto: a tarefa do copista é ser transmissor de parcialidades. Seu destino será escrever coisas incompletas – mas que se organizam no todo. Assim, qualquer erro do copista levará a orquestra ao caos. O meteorito de um milímetro pode destruir a astronave, mandando-a vagar para sempre na lenta infinitude do espaço.

Copiar partituras possui nítida ligação com a harmonia geral do cosmos.

CINCO

O Maestro Mendanha escuta o soar do carrilhão da sala.

Agrava-se a dor que, do peito, amplia-se para o braço esquerdo. Lembra-se do pai. "Estou pronto." Pensa sem angústia nem horror, até com alguma curiosidade. "Enfim vou saber o que há depois de tudo." Nunca pensou ser fraudado. Algo haverá para além do Umbral.

Pela janela, que ele mesmo abriu antes de se deitar, entra a palidez da lua.

Ajeita-se ao comprido da cama, tentando subjugar a dor, cada vez mais intensa. Agora doem os maxilares. A mão amassa o lençol, a testa inunda-se de um suor gélido.

"Vem, e que não sejas rápida."

O coração vai espaçando seu latejar, que se torna fraco e inconstante. O sofrimento é pungente. Algo nos desvãos de seu peito dá sinais de que se desintegra.

"E que sejas lenta." A lembrança do Padre-Mestre nos seus últimos dias. José Maurício quis experimentar a morte de frente. Assim é que se morre.

Logo, em meio à dor, em meio à última visão das úmidas paredes do quarto, que também é a última visão da sua vida, ele escuta um acorde perfeito ao longe, um acorde que soa por três vezes. "É o fim da dissonância. É a harmonia."

Quando as vistas se escurecem e um túnel de luz interior o acolhe e a dor já é passado e o mundo já é passado e tudo já é passado, e quando o acorde agora se transforma em apenas uma única e simples nota, ele murmura as palavras finais de um músico com ouvido absoluto:

– É um Sol. É o meu Sol. – E sorri.

Dɪᴀ sᴇɢᴜɪɴᴛᴇ, ᴏɪᴛᴏ ᴅᴀ ᴍᴀɴʜã

Pilar se acorda e levanta a cabeça da mesa de trabalho. Tudo está em seu lugar. Afora a luz, nada mudou. Olha para a porta do quarto. Seu desejo é ir até lá, escancará-la para o dia já primaveril.

O relógio a traz ao tempo presente.

Ali estão todas as partes copiadas, o seu labor desta noite. A tinta está seca. Tudo saiu como ele pediu.

Vai até a porta do quarto. Abre-a. Ele está imóvel. Uma fresta de luz vem sobre seu perfil. Está com os olhos fechados. Deixou de viver.

Da última batalha, restou a mão direita que amassa a barra do lençol. É possível dizer, como se diz de todos os cadáveres queridos, que ele parece dormir.

Mas ela não pode dar-se ao luxo da sensibilidade. Não agora. Faz o sinal-da-cruz. Chega-se e leva a mão direita de Joaquim José por sobre o peito que tanto sofreu, põe a outra por cima. Beija os lábios do esposo. Mais importante do que prepará-lo para a Travessia, é o que ela deve fazer agora. Ergue-se, fecha a porta. Põe uma pelerine de zuarte azul, a primeira roupa que comprou ao chegar ao Sul. Põe um chapéu de abas largas. No gabinete, apanha a pasta das músicas. Olha para o relógio. Sai.

O Vice-Mestre de Música espanta-se ao vê-la em sua casa naquele horário, trazendo-lhe aquela pasta. Ele a abre antes de fazer a senhora entrar.

– Tudo está dito aí dentro – ela diz. – A música perdida.

Ele pede a ela que entre. Têm uma conversa de duas horas.

– E agora – ela diz – deixe-me cuidar dele. O senhor sabe o seu dever. Eu sei o meu.

Em casa, antes que a notícia ganhe as ruas, antes que o esposo se transforme em objeto de dor pública, ela o veste com a melhor roupa, acerta-lhe a gravata de seda negra. Entre as mãos põe o terço e a batuta de ébano e prata.

Ele está preparado. Morreu em paz. Tudo está certo.

Ela manda chamar os Irmãos da Ordem Terceira de São Francisco para que tomem conta do corpo.

DEZ DA MANHÃ

O Vice-Mestre de Música reúne os instrumentistas, coral e solistas vocais no coro alto. Estão desolados.

Mostra-lhes uma pasta de papelão. Diz de que se trata. É uma partitura completa, instrumentada e com as partes de cada músico copiadas. O título é *Olhai, cidadãos do mundo* – Cantata para orquestra, coral e solistas de vozes. Há uma anotação pequena, junto ao título, escrita pela mão do próprio Mestre Mendanha e que o Vice-Mestre lê: "Se o Senhor Bispo consente, rogo a meus colegas a caridade de executá-la nas minhas exéquias. Depois disso, peço que incinerem todas estas partituras e joguem as cinzas ao rio".

Estranho homem.

O Bispo D. Sebastião Dias Laranjeira manda saber o assunto da cantata. Tranqüilizam-no, mesmo que no título haja aquele suspeito "cidadãos": nada há, nela, que ofenda a Igreja, o Império e os bons costumes. É apenas literatura. O poema fala de florestas e rios e pássaros. Sebastião Dias Laranjeira autoriza a execução. Atendendo a um pedido do Vice-Mestre de Música, que precisa ensaiar a partitura com a orquestra e o coral, fixa a missa de corpo presente para o dia seguinte.

Os instrumentistas varam o dia e parte da noite ensaiando. É a música mais original e bela que já tocaram. Harmonias imprevistas, frases melódicas de um encanto arrebatador. Os cantores as interpretam em lágrimas.

Tensos, exaustos, não conseguem chegar ao *Finale*.

O Vice-Mestre limpa o suor. Dá por encerrado o ensaio.

– Tocaremos confiados em nossa qualidade de músicos. E lá do alto o Maestro nos ajudará.

DIA SEGUINTE, QUATRO DA TARDE

A Catedral só esteve tão cheia na recepção dos restos mortais do herói da Guerra do Paraguai. Faz certo calor, e os leques oscilam sobre os seios encobertos das mulheres.

A viúva, imóvel, posta-se ao lado do esquife. O véu negro pende sobre seu rosto. Ninguém sabe se ela chora. Ao outro lado está o amigo com a cara da máscara mortuária de Beethoven, as pálpebras baixas. O Maestro Bandeira também lá está, junto a uma coluna. Ninguém o conhece.

Os músicos executam a cantata *Olhai, cidadãos do mundo* até o ponto em que a ensaiaram.

Enfrentam o *Finale* de primeira vista. Algo de profundo e impossível faz com que as mãos pratiquem os instrumentos como se muito elas conhecessem aquela música. O coral decifra com acerto as notas prodigiosas. Os solistas desconhecem suas próprias vozes, que se transformam, ganham viço e cor, vencendo as dificuldades da partitura.

Quando o Vice-Mestre de Música baixa as mãos e as recolhe junto ao peito, encerrando o último compasso, dá-se um hiato de tempo. Ninguém ousa respirar. Os violinistas, os violoncelistas põem sem ruído seus arcos nas estantes.

Os olhares dos músicos dirigem-se ao pé da última folha. Encontram uma pequena anotação e vêem que está repetida em todas as partituras, copiada pela mão de Pilar.

Lêem em silêncio:

Se um hino foi minha vazia glória neste mundo, hoje meus ouvidos mortos escutaram o que sempre lhes esteve reservado. Com esta música me apresento perante Deus. Ele perdoará minha soberba. Ele sabe que agora sou, e para sempre, um artista.

Olham-se. Abraçam-se. Sabem que acaba de acontecer algo inesquecível.

O Vice-Mestre recolhe as partituras uma a uma, para que se execute o último pedido do morto. Coloca-as dentro da pasta de papelão.

A tarde vai alta. A nave do templo tem uma luz inclinada que se ilumina ao transpassar a névoa do incenso. Lá embaixo, os Irmãos da Misericórdia lacram o esquife. A um sinal do oficiante, conduzem a procissão fúnebre até a porta da Catedral.

Os dois jornalistas de *A Federação* guardam seus apontamentos. Informarão a André Martin, do *Le Figaro*, que o famoso pacote nunca chegou a Porto Alegre.

Pilar fica no adro. Não acompanhará o cortejo até a colina do cemitério da Misericórdia, não escutará a oca e dolorosa percussão da terra sendo jogada sobre a tampa do ataúde.

Em casa ela poderá se entregar, com as profundidades dos abismos da alma, com esse inexplicável amor, maior que todas as músicas e todos os séculos, à simples importância humana de chorar.

Escrito em Porto Alegre e Gramado, entre novembro de 2003 e agosto de 2006.

NOTAS DO AUTOR

Este livro forma, com *O pintor de retratos* e *A margem imóvel do rio*, um conjunto a que posso chamar de Visitantes ao Sul. São variações sobre um tema – e variações podem ser infinitas.

O fragmento do *De Senectute*, de Cícero, aparece neste livro em versão francesa de Vincent Ravasse, Professor de Letras Clássicas no Liceu Ango de Dieppe, na Normandia. Versão eletrônica da Université de Québec à Chicoutimi, coleção *Les Classiques des Ciences Sociales*.

Os fragmentos de texto da cantata *Olhai, cidadãos do mundo* foram criados, a meu pedido, pelo novelista e poeta Daniel de Sá, micaelense, açoriano, português, homem universal, a quem agradeço de coração. Só ele poderia realizar essa tarefa desconcertante.